高职高专金融类"十四五"规划系列教材

银行产品

YINHANG CHANPIN

主编 赵振华

中国金融出版社

责任编辑：王　君
责任校对：潘　洁
责任印制：丁淮宾

图书在版编目（CIP）数据

银行产品/赵振华主编 . —北京：中国金融出版社，2023.6
ISBN 978 - 7 - 5220 - 1977 - 2

Ⅰ.①银… Ⅱ.①赵… Ⅲ.①银行业务 Ⅳ.①F830.4

中国国家版本馆 CIP 数据核字（2023）第 062755 号

银行产品
YINHANG CHANPIN

出版
发行 **中国金融出版社**

社址　北京市丰台区益泽路 2 号
市场开发部　（010）66024766，63805472，63439533（传真）
网 上 书 店　www. cfph. cn
　　　　　　（010）66024766，63372837（传真）
读者服务部　（010）66070833，62568380
邮编　100071
经销　新华书店
印刷　河北松源印刷有限公司
尺寸　185 毫米 ×260 毫米
印张　10
字数　236 千
版次　2023 年 6 月第 1 版
印次　2023 年 6 月第 1 次印刷
定价　39.00 元
ISBN 978 - 7 - 5220 - 1977 - 2
如出现印装错误本社负责调换　联系电话（010）63263947

当今社会，越来越多的人都被卷入与银行的关联中，银行也逐渐成为现代人参与社会经济生活必不可少的条件和手段。可以说，"大众银行"时代来临了。与此相映成趣的是，相较于银行的起源，现代银行的产品设计、业务经营已经发生了不可逆转的迭代，现代银行的经营管理及其监管制度也已经发生了深刻的变化。

一

金融包括银行、证券、保险、信托等很多方面，各自有明确的法律加以规范，如银行法、证券法、保险法、信托法等。在这些不同的金融行业里，通常有一个区分方式，即银行与非银行，金融机构一般也区分成银行机构与非银行金融机构。

金融活动由来已久，现代一般将传统的金融活动，如汇兑、借贷，定义为银行业务。因此，现代银行业务是最古老、最原始的金融业务。非银行金融是在新的经济社会环境背景、新的理论支持下创新发展出来的金融业务。银行业务是最基本、最普遍的金融业务；而非银行金融业务是在银行业务的基础上或支持下发展而来的，其业务开展以银行业务为前提。

在所有金融机构的业务运营中，都会涉及两个方面，即资金来源和资金运用，但银行机构与非银行金融机构在这两个方面存在本质的不同。一方面，存款是银行的主要资金来源，能够吸收公众存款，是银行区别于非银行金融机构的一个最为核心的特征。现代银行存款的本质，不仅仅是满足人们储蓄的需要，其社会意义更是一种货币，即存款货币。另一方面，贷款是银行的主要资金运用。虽然非银行金融机构也能够开展一定领域内的特殊贷款业务，但银行贷款与其他非银行金融机构的贷款存在巨大的差异，即银行贷款的存款货币创造效应；从这个意义上讲，非银行金融机构的贷款只是一种"现金贷"。

二

银行与证券、保险、信托之间存在显著的区别，我国金融业实行以"分业经营、分业监管"为主的架构。但这些行业存在很强的混业经营的需要和动力。特别是在资金运用领域，银行除了贷款之外，开始越来越多地开展金融市场和证券投资业务，在银行间市场开展债券、票据发行业务。非银行金融机构也开始涉足一定领域内的贷款业务，如融资融券、保单质押贷款、信托贷款。

各类金融机构纷纷开展各种形式的代客理财业务，银行叫理财，其他机构叫资产管理，虽然称谓有所不同，但其实本质类同。特别是在运作不透明、监管缺位或不到位的情况下，这些业务很容易异化为银行存款，成为变相吸收存款。

除此之外，各类金融机构还通过独资、控股或参股的方式进入其他金融领域。例如，为更好地发挥业务协同效应，银行可以出资设立保险公司、货币基金公司、租赁公司、投资公司、理财公司等，从而实现跨业务经营。这种金融控股公司的出现，自然也为监管带来了挑战。

三

信息技术的发展赋予金融业务崭新的面貌，改变了金融功能的实现方式，甚至在某些方面带来了质的改变。我们现在讲的互联网金融，有人说并未改变金融的本质，也有人说给金融带来质的改变。人们对互联网金融的概念还比较笼统、模糊。

现在所说的互联网金融，以前叫金融电子化信息化，即运用现代通信技术、计算机技术、网络技术等提供金融产品和服务。其目的在于，一方面为客户提供更便捷的金融服务，另一方面实现金融业务处理自动化、业务管理信息化和金融决策科学化，提高金融机构的运营效率，降低经营成本。

电子化对银行的影响，在很早的时候，就有人断言：银行会消失，银行业不会消失。意思就是，当前银行开展的业务，如汇兑、储蓄，肯定会一直存在，但在电子化、网络化发展之后，这些业务的实现方式会发生变化；当前银行的业务运作模式会根本改变，或是基于银行自身主动的变革，或是其他经许可的电子金融经营中介的替代。

我国金融电子化的发展，重点就是在银行领域，即银行业务的电子化改造，其核心内容就是建立金融信息系统，包括银行业务处理系统、银行管理信息系统和银行决策支持系统。（1）逐步实现银行柜台业务的电子化改造以及建立自助服务系统，以计算机处理代替手工操作，改变银行业务经营的面貌。（2）银行业务联网处理，逐步实现全国范围的银行计算机联网，实现银行内部以及跨行互联互通。（3）利用电子信息技术和网络技术，加快金融产品和服务创新，包括银行卡、电话银行、网上银行、手机银行等。

随着近些年来移动互联网技术的普及，商业银行业务经营越来越依赖移动终端，包括条码支付、互联网存款、互联网贷款等，几乎涵盖了所有传统银行业务以及这些业务的全部流程，包括产品设计、宣传推广、申请、受理、售后支持等。为此，监管部门相应出台了政策规章，认可并鼓励银行的创新，但同时也对银行创新业务模式带来的风险控制表示担忧。

例如，利用互联网技术开展存款、贷款业务，可以跨越空间、地域的限制，对于大型商业银行来说无可非议，而对中小银行来说则存在政策限制。若禁止中小银行跨地域开展互联网业务，则其仅局限于狭小空间的互联网业务几无存在必要了，在大型商业银行的竞争压力下又该如何特色化生存？

又如，一些银行借助第三方互联网平台的优势，特别是流量入口、获客能力，合作开展存款贷款业务。这种业务合作，对银行来说可以理解成业务外包，在现有法律、政策框架下需要规范，即需要对存款、贷款这些产品的性质以及现有银行体系的认识重新定位。

四

除了银行自身的互联网改造之外，还有一个显著的变化就是一些大的互联网公司开始涉足金融。它们起初的目的也只是满足自身业务的需要，其早期的金融业务是与其自身的业务高度联系的，其实可以理解为"自金融"。在当时的经营背景下，这种"自金融"也的确具有一定的合理性和必要性，自然也就没有被视为非法而加以限制。但紧接着，这些互联网公司开始不断利用自身优势开展与一些自身业务不太相关的金融业务，其职能就演变成一种金融中介，目的是盈利，自然就要受到等同于传统金融机构一样的监管了。

还有一些自称为互联网金融的，如 P2P 网络借贷平台、众筹平台等，曾经风生水起，现在也都销声匿迹了。理论上，互联网金融的确是一种高效的金融融通方式；监管上，也曾将其定位于信息中介。事实上，这些平台未纳入现有的金融监管体系，这些互联网金融方式极易陷入欺诈，成为"骗局"的代名词。

严格监管的传统金融中介的存在，一个重要的原因就是它们针对一般社会公众开展业务，提供的业务甚至可以理解成是现代社会的"公共产品"。正是由于会影响到一般社会公众，才需要严格监管。换句话说，未纳入现有金融监管体系的互联网金融，只是开展熟人圈子里的民间金融业务。或者这些互联网金融方式如果不应用于商业领域，而仅作为非营利性质的公益领域的资金运营方式，就不会带来普遍的社会问题。

五

最后，来说说本书的书名和内容体系。

本书名为《银行产品》，而实践中经常提到的是银行业务，在本书中也常提到银行业务。关于是叫"业务"还是叫"产品"，前者是指正在忙于做的事情，而后者是指设计、制造并为他人消费的事物。

当下，银行市场已从供方市场转变成需方市场，"以客户为中心"也成为银行经营的一条重要理念，产品策略也是银行经营管理的重要策略。银行为客户开展的这些业务，需要重新认识和定位，银行需要从自身战略、能力、成本收益角度设计、提供产品，而客户也会从需求、费用角度寻找产品。

在银行产品和服务不断拓展新的当下，如何认识银行与客户在业务开展中的关系？特别是如何定位银行客户的地位？银行客户是存款人，还是投资人，抑或是消费者？在银行客户权益保护方面，现有的商业银行法中是讲存款人，在证券法中提到的是投资者，而在监管层面更多提到的则是金融消费者。商业银行法修订征求意见稿中，明确意识到仅用存款人的概念已经难以概括银行与客户之间的关系，难以界定投资者、消费者的确切内涵，则笼统称为"客户权益保护"。

在监管层面，要求银行遵循"了解你的客户""了解你的产品"的业务开展原则，特别在银行理财业务中提出"买者自负、卖者有责"的要求，其实都强化了银行与客户之间形式上的买卖关系，标的是银行产品。

究竟有哪些银行产品，以及有哪些银行产品线以及针对不同客户需求的细分产品呢？

在关于银行业务介绍的教材中，一般都会介绍三个部分：负债业务、资产业务和中间业务。负债业务包括资本金业务、存款业务和借款业务。其中，资本金业务、借款业务是银行经营管理的一部分，对银行来说可以称为业务，其实质是管理，很难理解成针对客户提供的产品。同样地，资产业务包括现金资产业务、贷款业务和投资业务。其中，现金资产业务、投资业务也是银行经营管理的一部分，对银行来说可以称为业务，其实质也是管理，也很难称其为针对客户提供的产品。

因此，本书所介绍的是银行针对个人客户和企业客户设计、提供的产品。从产品功能的角度，结合当前银行经营现状，本书将银行产品分成六大产品线：银行账户服务、银行支付结算产品、银行存款产品、银行贷款产品、银行理财产品、其他中间业务产品。在各大类银行产品的介绍中，分别从产品的渊源、发展历程以及发展现状、现代制度等层面，进一步探寻这些产品的本质、具体功能及社会意义。

本书的不足之处，敬请读者指出并讨论。

赵振华

2022 年 4 月于杭州

目录

知识点1　货币与金融

【教学目的】
1. 认识货币的意义；
2. 区分货币的交易功能和财富功能；
3. 了解金融的目的以及金融的内容：支付、储蓄、投资；
4. 认识金融的实现方式：自金融、金融工具、金融中介。

一、货币的出现

商品交换的形式从以物易物发展到基于一般等价物的交换，我们将这种一般等价物称为货币。正如马克思对货币起源的总结，认为货币是从商品世界中分离出来的固定地充当一般等价物的特殊商品。

（一）货币的职能

1. 价值尺度

商品该如何交换？我们现在都普遍认知的一个规律就是等价交换。这里的"价"就是指价值，它是商品交换的基础。一个商品可以从很多不同的维度来描述、形容，如大小、重量、构成等，这是商品的自然属性；而商品的价值维度，这体现的是商品的社会属性，在很大程度上是为了满足商品交换的需要而创造出来的概念。

何为价值？这又是一个非常模糊且难以确定的抽象概念，对其本质的认识也存在不同观点。有人认为价值是一种客观存在，也有人认为价值是一种主观表达；而更确切的是，价值是指客体能够满足主体需要的效益关系，是表示客体的属性和功能与主体需要间的一种效用、效益或效应的关系范畴。

探寻价值的本源是价值理论的一个方面，而寻找衡量价值的方法则是价值理论的另一方面，并且是一种现实需要。有两种衡量价值的理论，即货币价值论和劳动价值论。基于价值的抽象性，人们通过寻找一定的参照物来衡量商品的价值，这就是货币价值论。作为衡量价值的参照物，它应该是一种能够满足人们效用的、被普遍认可和接受的、稳定的、便捷的特殊商品，这就是货币。劳动价值论认为价值是凝结在商品中的无差别的、抽象的人类劳动，具体以劳动时间来衡量价值的大小。

以货币衡量价值是当今世界最为主流的方法。货币发挥的价值尺度职能，随着人们对货币的认可和接受，越来越通过货币观念潜移默化地反映出来。

2. 支付手段

无论是"一手交钱一手交货"的商品买卖，还是通过预付或赊购的信用交易，通过现实的货币实现与商品之间的交换，这就是货币的支付手段职能。一方交付商品，即转移商品的所有权；另一方交付现实的货币，即转移货币的所有权。

但我们应该看到，在以货币为媒介的商品交易中，得到货币并不是最终目的，而是在当前或者将来的某一时刻利用货币去购买其他商品。因此，与以物易物的交易相比，以货币为媒介的交易就分裂成买和卖两个阶段或环节。从整个社会层面看，这就使商品的生产和消费（供给和需求）割裂开来，而出现供求不均衡的矛盾。总之，货币作为一种交易技术，一方面大大提高了商品交易的效率，实现了商品经济的繁荣；另一方面也带来了社会的不稳定。

3. 储藏手段

在商品流通领域的货币，由于没有及时使用出去而沉淀在持有人手中，或者被人们长期性甚至永久性地保存、收藏起来，则被称为储蓄的货币。这些储蓄的货币本身作为财富的形式并可以在社会上流转或继承，这就是货币的储藏手段职能。

这使人们对财富性质的认识发生了深刻的变化。一般来说，财富是指有用的、有价值的东西，包括自然财富、物质财富甚至精神财富等；而在货币社会里，由于货币可以随时随地转换成其他形式的财富，人们越来越转向货币财富观念。以货币衡量财富，甚至以货币的形式储存财富。

（二）货币与金钱

金钱与货币，这两个词经常混淆，但二者的性质大不相同。同样，在英语中也有money 与 currency 的区别，前者一般指金钱，后者一般指货币。

货币的概念，着重强调的是其作为一种交易工具，由于赋予其价值尺度、支付手段以及储藏手段的职能而创造出来的交易技术。特别是当前的法定货币，是指国家通过法令的形式依靠强制力用于流通的货币。例如《中华人民共和国人民币管理条例》规定，我国的法定货币是人民币，以人民币支付中华人民共和国境内的一切公共的和私人的债务，任何单位和个人不得拒收。

在国家控制的货币发行阶段，一般称之为货币，一旦货币流通到社会，流通到企业或者居民手中，一般又俗称为金钱。金钱的概念，则更多的是强调其财富或者资本的性质，一方面作为价值储藏而形成货币财富，另一方面作为生产要素而形成货币资本。

二、货币的形式

（一）商品货币

商品货币是兼具货币与商品双重身份的货币。它在执行货币职能时是货币，不执行货币职能时是商品。它作为货币用途时的价值与作为商品用途时的价值相等，又称足值货币。在历史上，商品货币主要有实物货币和金属货币两种形态。

实物货币是货币形式发展最原始的形式，与原始、落后的生产方式相适应。作为足值货币，它是以其自身所包含的内在价值同其他商品相互交换。从形式上来看，实物货币是自然界存在的某种物品或人们生产的某种物品，并且是具有普遍接受性、能体现货币价值的实物。作为一般等价物，这类实物充当货币，同时又具有商品的价值，能够供人们消费。然而实物货币本身存在难以消除的缺陷：它们或体积笨重，不便携带；或质地不匀，难以分割；或容易腐烂，不易储存；或体积不一，难以比较。它们不是理想的交易媒介，随着商品经济的发展，实物货币逐渐退出了货币历史舞台。

金属具有实物货币不可替代的优越性，其价值稳定，易于分割、保存，便于携带。特别是金银的天然属性与人类期望的货币属性相吻合，因此便有了马克思的一句对黄金广为人知的描述："金银天然不是货币，但货币天然是金银。"当然，黄金作为货币依然有其固有的局限性，这种局限导致了布雷顿森林体系的崩溃，新的时代并不拿黄金作为日常流通的货币。

（二）信用货币

信用货币的演变，可以归结为代用货币、完全信用货币以及存款货币。

代用货币，通常作为可流通的金属货币的收据，一般指由政府或银行发行的纸币或银行券，代替金属货币参加到流通领域中。宋代的交子，就可以理解为此一货币形式。就其实质特征而言，其本身价值就是所代替货币的价值，但事实上，代用货币本身价值低于（甚至远远低于）其所代表的货币价值。相对于金属货币，代用货币不仅具有成本低廉、更易于携带和运输、便于节省稀有金银移作他用等优点，而且还能克服金属货币在流通中所产生的问题，即我们常说的"劣币驱逐良币"现象。换句话说，在这一阶段，代用货币发行者承诺在条件具备后可以将其兑换成金属货币，即货币准备制度所规范的完全准备制度，虽然可能在未来不能实现。

完全信用货币是代用货币再演化的结果，最主要的变化即是代用货币完全准备制度的崩溃，逐步代之以部分准备制度，最终到无准备制度。同代用货币一样，其自身价值也远远低于货币价值，区别在于信用货币不再像代用货币那样，以足值的金属作保证，而是以信用作保证。而人们对信用货币的信心，也即愿意持有并使用，是完全信用货币运用的最核心保证。根据此种信心来源的不同，可以将信用货币分为私人信用货币和法定信用货币。前者属于私人机构基于契约双方的诚信而发行的货币；后者属于国家机器的强制性的立法保障而发行的货币，目前世界几乎所有的国家都采用法定信用货币形式。

当前的存款货币是在完全信用货币的基础上进一步演化而来的，是银行发行的替代法定信用货币的代替物。在最初的时候，这种存款活动还只是为满足客户的某种需要而与银行达成的"存"和"取"协议，还不能用于支付，即还不能发挥货币的流通手段职能。但随着银行"借贷"技术的不断发展，存款越来越能够发挥货币的支付功能，也即在概念上所言的存款货币了。

至于银行存款向货币特征的发展以及与货币之间的通用，需要考虑银行的性质，特别是私人银行和国有银行的所有制性质。在国有银行情况下，银行是国家在货币发行流通方面的延伸，存款带有较强的货币特征。而在私人银行情况下，存款更加倾向于财产性质，也即"钱"。

总之，从历史的观点看，信用货币是金属货币制度崩溃的直接后果。20世纪30年代，由于世界性的经济危机接踵而至，各主要经济体（国家）先后被迫脱离金本位和银本位，所发行的纸币不能再兑换金属货币，于是信用货币应运而生。在信用货币的表现形式上，主要是纸质货币，以及当前随着数字技术发展而出现的电子货币；在信用货币的信用来源上，主要包括国家强制发行并流通的央行法定纸币和法定数字货币，以及私人创造并流通的银行存款货币和私人数字货币。

（三）商品货币与信用货币的差异

商品货币与信用货币在商品经济条件下所发挥的作用存在较大差异，主要表现在以下几个方面。

第一，就价值尺度职能而言，虽然二者都是执行一种观念上的价值尺度职能，但是，在黄金商品货币条件下，黄金商品以其自身的真实价值作为其承担价值尺度职能的基础，其所执行的价值尺度标准随着黄金商品劳动生产率与其他商品劳动生产率的相对变化而变化。就信用货币而言，其所执行的价值尺度职能是以政府强制力作为保障的，是政府通过政治强制力制定相应的价值标准之后，强行地将之作为衡量商品价值的尺度，主要表现在信用货币所设定的计价单位及相应面值等方面。信用货币在承担价值尺度职能时所执行的价值标准的变化，在很大程度上取决于信用货币发行数量的多少。

第二，就商品流通手段职能而言，在黄金商品货币条件下，黄金所承担的商品流通中介职能，其在价值量上与所交易的商品之间是一种等价交换的关系。而在信用货币条件下，由于信用货币自身没有任何价值可言，因此，信用货币所承担的商品流通中介职能，其在价值量上与所交易的商品之间并不是一种等价交换的关系，而是以政府强制力作为保障的具有承担商品流通职能的观念上的价值。

第三，就货币支付职能而言，在黄金商品货币条件下，由于黄金是有一定价值和使用价值形态的商品，因此，黄金所执行的支付手段职能，其既可以作为价值形态的补偿，又可以作为使用价值形态的补偿。而在信用货币条件下，由于信用货币自身并没有价值和使用价值，其承担的只是一种观念上的价值职能，因此，以信用货币作为支付手段的货币支付，对于被支付者而言，只是一种观念上的价值补偿，这种价值补偿是以信用货币依靠政府强制力所执行的价值尺度职能和流通手段职能作为保障的。因此，信用货币在执行支付职能之后，最终必然会通过货币观念上的价值向使用价值转换的方式，实现货币的最终价值。

第四，就黄金商品货币所承担的储藏职能而言，黄金货币之所以具有这个职能，在很大程度上得益于黄金商品自身具有真实的价值，并且其价值具有较强的相对稳定性。就信用货币而言，由于其只是政府凭借政治权力强制发行并流通的货币符号，其自身并没有任何真正的价值，因此，信用货币作为一种价值符号，其所代表的价值量在很大上受制于政权的稳定性以及货币发行数量，这些都在很大程度上决定了信用货币是不能作为真正的价值被储藏的。

第五，就世界货币职能而言，黄金商品货币具有价值和使用价值双重属性，由此决定了其可以在全球范围内进行流通，发挥世界货币的职能。就信用货币而言，信用货币是由政府强制发行并流通的一种货币符号，由此决定了信用货币的使用具有明显的国家边界，即信用货币的使用范围并不能超越一国的国界，这在一定程度上决定了信用货币不具有世界货币的职能。

三、金融的目的

一般来说，货币是国家意志的产物，国家基于一定的目的依靠其强制力控制货币的发行和流通。而金融，简单来讲即资金融通，金融活动是人们基于资金融通需要而实施的行为；商业化发展之后，演变成以货币为对象的经营行为，进而形成金融产业。

（一）金融的功能

按照陈志武在《金融的逻辑》[①] 中对金融的解释，金融的核心是跨时间、跨空间的价值交换，所有涉及价值或者收入在不同时间、不同空间之间进行配置的交易都是金融交易；金融学就是研究跨时间、跨空间的价值交换为什么会出现、如何发生、怎样发展。具体来讲，金融要解决的资金融通问题主要包括支付、借贷、投融资。

支付是金融的一项基本内容，主要是实现价值从一方向另一方的转移。支付也是最基础的金融业务，是现代经济运行的基础设施。货币的出现可以理解成是一种重要的价值支付的创新，然后进一步发展到代替一定货币价值的非现金支付工具，以及现代以账户为手段的转账支付手段。

借贷是金融的另一项重要内容，是一种典型的资金从盈余方向需求方的转移。借贷属于一种以还本付息为条件的信用业务，主要包括生产性借贷和消费借贷，相伴而来的是风险的出现以及对风险控制的需要。从这个角度看，金融的发展是借贷技术的演进。

投融资是现代金融发展的重要领域，目的是将社会上的储蓄资金或者闲置资金聚集起来以有效地运用于生产，包括融资（资金来源）和投资（资金运用）。借贷可以理解成是一种原始的投融资活动，而现代投融资活动越来越发展成证券、信托等方式。《新帕尔格雷夫经济学大辞典》[②] 正是从现代投融资的角度，将金融定义为"资本市场的运营、资本资产的供给与定价"，包括有效市场、风险与收益、替代物与套利、期权定价、公司金融五个方面的内容。

（二）金融工具的创造与流通

为实现支付、借贷、投融资的需要，各类金融工具被创造出来并广泛使用。在现代社会里，与央行法定货币的流通相伴的一个重要的现象就是金融工具的发行与流通。金融的发展过程其实也就是金融工具的演变历程。

金融工具又称信用工具，是进行资金融通的一种证明债权债务关系或所有权关系的凭证，是资金融通双方之间达成的确定各自权利义务责任的具有法律效力的契约。金融工具具有流动性、收益性和风险性的特性。流动性是指金融工具可以在金融市场上进行交易转让。收益性是指金融工具能够带来价值的增值。风险性是指金融工具上的本金和收益存在收回的不确定性。

根据功能不同，金融工具可分为支付工具和投融资工具。前者主要包括票据、银行卡、电子支付工具，后者包括借款合约、证券、信托等。根据性质不同，金融工具可分

---

① 陈志武. 金融的逻辑 [M]. 北京：中信出版社，2020.

② ［美］史蒂文·N. 杜尔劳夫，［美］劳伦斯·E. 布卢姆. 新帕尔格雷夫经济学大辞典 [M]. 贾拥民，等译. 北京：经济科学出版社，2016.

为债权凭证、所有权凭证和混合金融工具。根据流动性不同，金融工具可分为货币市场金融工具和资本市场金融工具。

四、金融的实现

（一）直接金融与间接金融（自金融与他金融）

直接金融与间接金融是两种不同形式的融资方式。不通过银行等中介机构，资金的供求双方直接接触，融通资金，实现供求的融资方式称为直接金融，也可以称为自金融。在这种融资方式下，在一定时期内，资金盈余方通过直接与资金需求方协议，或在金融市场上购买资金需求方所发行的有价证券，将货币资金提供给需求方使用。

商业信用，企业发行股票和债券，以及企业之间、个人之间的直接借贷，均属于直接金融。它具有以下特点：（1）资金供求双方关系紧密，有利于资金快速合理配置和使用效益的提高；（2）资金融通的成本较低；（3）双方在资金数量、期限等方面受到的限制较多。

间接金融则是指通过以银行等金融机构为媒介而进行的资金融通活动，资金盈余方与资金需求方之间不发生直接关系，而是分别与金融机构发生独立的交易。例如，资金盈余方通过在银行存款，或者购买金融机构发行的有价证券，将其暂时闲置的资金先行提供给这些金融中介机构，然后再由这些金融机构以贷款、贴现等形式，把资金提供给资金需求方使用，从而实现资金融通的过程。

间接金融具有以下特点：（1）间接性，资金融通双方通过金融机构撮合起来；（2）对金融机构的监管较为严格，同时也受到稳健经营管理原则的约束，信誉程度较高，风险相对较小；（3）金融机构具有融资中心的地位和作用，具有规模效应。

（二）金融中介

金融中介是指在金融市场上资金融通过程中，在资金供求双方之间起媒介或桥梁作用的人或机构。根据金融中介在资金供求双方之间发挥的作用不同，分为间接金融中介和直接金融中介。间接金融中介是指自身通过资金来源业务和资金运用业务，与资金供求双方独立发生资金交易行为的机构，最典型的就是商业银行、保险公司。直接金融中介是资金供求双方资金融通的服务机构，本身与资金供求双方不发生资金交易行为，与资金供求双方之间是委托代理关系，最典型的就是证券公司、信托公司。

各类金融中介的出现，其必要性及实现的功能如下：

1. 交易成本与金融中介

交易成本是解释金融中介存在的一个主要因素。交易成本包括货币交易成本、搜寻成本、监督和审计成本等。金融中介存在的原因在于可以通过规模经济、更好地开发专门技术等方式减少交易成本。

2. 信息不对称与金融中介

运用信息不对称来解释金融中介的存在是20世纪70年代金融中介理论的热点。所谓信息不对称，是指交易的一方对交易的另一方不充分了解的现象。例如，对于贷款项目的潜在收益和风险，借款者通常比贷款者了解得更多一些。信息不对称会导致逆向选择和道德风险问题，从而导致金融市场失灵。

解决逆向选择问题的一个办法是让私人来生产和销售信息。也就是一部分金融中介通过生产信息而成为知情者，然后把信息出售给信息需求者。

解决道德风险的办法是增加监督，而监督是有成本的，如果由大量的小的贷款人直接监督借款人，成本会很高，而且同样会产生"搭便车"问题。而通过金融中介的监督则具有规模经济，所以委托给一个特定的机构是有效率的。

3. 风险管理与金融中介

金融中介是风险转移和处理日益复杂的金融工具及市场难题的推进器。金融中介具有在不同金融参与者之间分配风险的能力，并且以最低成本最有效地分配风险。例如，金融中介可以通过动态交易策略创造大量的合成资产，实现风险的集中交易和各种金融合约风险的捆绑和拆分。

（三）我国金融机构的主要类型

1. 商业银行。我国商业银行法规定，商业银行是吸收公众存款、发放贷款、办理结算等业务的企业法人，可以开展以下业务：吸收公众存款；发放短期、中期和长期贷款；办理境内外结算；办理票据承兑与贴现；发行金融债券；代理发行、代理兑付、承销政府债券及其他债券，证券交易所发行的证券除外；买卖政府债券、金融债券及其他债券；从事同业拆借；买卖、代理买卖外汇；从事银行卡业务；提供信用证服务及担保；代理收付款项、代理保险及其他代理业务；办理托管业务；提供保管箱服务；办理衍生品交易业务；办理贵金属业务；办理离岸银行业务；经国务院银行业监督管理机构核准的其他业务。

2. 证券公司。我国证券法规定，证券公司可以开展以下业务：证券经纪；证券投资咨询；与证券交易、证券投资活动有关的财务顾问；证券承销与保荐；证券融资融券；证券做市交易；证券自营；其他证券业务。

3. 保险公司。我国保险法规定，保险是指投保人根据合同约定，向保险人支付保险费，保险人对于合同约定的可能发生的事故因其发生所造成的财产损失承担赔偿保险金责任，或者当被保险人死亡、伤残、疾病或者达到合同约定的年龄、期限等条件时承担给付保险金责任的商业保险行为。保险公司可以经营以下业务：人身保险业务，包括人寿保险、健康保险、意外伤害保险等保险业务；财产保险业务，包括财产损失保险、责任保险、信用保险、保证保险等保险业务；国务院保险监督管理机构批准的与保险有关的其他业务。

4. 信托投资公司。我国《信托投资公司管理办法》规定，信托业务是信托公司以营业和收取报酬为目的，以受托人身份承诺信托和处理信托事务的经营行为。信托公司可以开展以下业务：资金信托；动产信托；不动产信托；有价证券信托；其他财产或财产权信托；作为投资基金或者基金管理公司的发起人从事投资基金业务；经营企业资产的重组、购并及项目融资，公司理财，财务顾问等业务；受托经营国务院有关部门批准的证券承销业务；办理居间、咨询、资信调查等业务；代保管及保管箱业务；法律法规规定或监督管理机构批准的其他业务。

知识拓展及思政项目：警惕拜金主义价值观

金钱是有价值的，它可以交换得到其他物质而具有巨大价值。拜金主义是一种金钱万能、金钱至上的观念，认为金钱可以主宰一切，把追求金钱作为人生至高目的。这种价值观被认为起源于资本主义鼓励人类追求自我利益的思想主张。

其实，中国传统文化的主流是鄙视利益、耻于金钱的。在义与利的取舍上，总是以义为先，崇尚舍生取义。但是，还有另外一面，也有人赤裸裸地宣扬利己主义、享乐主义，如"人为财死，鸟为食亡""人不为己，天诛地灭""有钱能使鬼推磨"等等之说。

深入学习了货币金融知识之后，同学们要认识到金钱的财富功能与交易手段之间的区别。的确，金钱是一种财富，且在现代社会财富结构中的比例越来越大，拥有金钱也的确会带来一定的幸福感。但是，人类财富、幸福的来源不仅仅是金钱，金钱只是人类获取财富、幸福的手段和工具。拥有金钱，不是目的，只是手段。

我们不要深陷"赚钱—花钱—拼命赚钱—拼命花钱"的旋涡；特别是对于年轻人来说，学习知识、建立友情、健康体魄等既是我们的财富，也是我们要的幸福，更是我们人生的意义。

知识点 2　银行

【教学目的】
  1. 从商业银行的发展历程了解银行产品的发展与变迁；
  2. 认识现代银行的性质及其特殊性；
  3. 重点掌握现代银行的经营原则。

一、商业银行的起源

最早的银行可以追溯到公元前 2000 年的巴比伦，那时的寺庙就已有经营保管金银、发放贷款、收取利息的活动。在公元前 500 年的希腊、公元前 400 年的雅典和公元前 200 年的罗马帝国，都可以找到原始银行的雏形。

近代银行起源于中世纪的欧洲，主要出现在当时的世界商业中心意大利的威尼斯、热那亚等城市。1580 年成立的威尼斯银行通常被认为是最早使用"银行"名称经营业务的。英语中银行一词"bank"就是由意大利语的"BanCa"演变而来的，原意是交易时用的长凳、椅子。16 世纪末，银行逐渐在欧洲其他国家兴起，1609 年成立的阿姆斯特丹银行、1619 年成立的汉堡银行和 1621 年成立的纽伦堡银行等都是当时著名的银行。

商业银行的起源主要有两个途径：（1）在金匠业的基础上发展而来的。例如，在 17 世纪中叶，英国的金匠业很发达，其主要业务为代客户保管金银货币，签发保管凭证，收取保管费用。（2）由早期的高利贷发展而来。随着资本主义生产关系的建立，早期的高利贷顺应时代的变化，降低贷款利率，转变为商业银行。这种转变是早期商业银行形成的主要途径。

二、商业银行发展的三个阶段

（一）货币经营业

货币的出现，特别是金属货币的长期运用，虽然大大便利了商业交换，但货币本身在运用过程中也出现了一定的问题，例如，金属货币的保存管理、金属货币的跨区域运输支付、不同金属货币之间的兑换等。因此，为解决这些问题，以使货币能够更好地发挥作用，市场中就自然发展出现了专门经营货币的人或组织。特别是其中的一些金匠，天然地具备金属货币处理的能力，因而备受商人的认可。

相应地，早期的银行主要开展的业务包括货币保管、货币兑换、货币汇兑。这些都是现代商业银行最为传统的业务，至今仍在开展，但是已不再是现代商业银行的主要业务了，而为借贷业务所替代。

在此时期，早期银行的服务对象几乎是大资产拥有者或者商人，也即当前银行的"私人银行客户"的概念，普通的平民大众几乎不会也不必要参与银行服务。

（二）信用经营业

信用即借贷。在信用经营时期，银行主要开展为客户提供贷款的业务以及从客户处吸收存款的业务，标志着现代意义上的商业银行的出现。

银行发展存贷业务，有几种解释。一是由天然的高利贷发展而来，资本雄厚的商人或组织，凭借自身积累的资金放贷生息，循环往复。二是由早期的货币经营商自然演进而来。货币经营商在货币保管、兑换、汇兑等业务过程中积累了大量的资金，而且发现这些资金余额是相对稳定的，会长期沉淀在手里，和现在的商业银行一样，一般不会出现所有存款者在同一天要求取出在该行的所有存款的情形，所以货币经营商可以把这些钱用来发放高利贷，获得利息收入。

在此时期，以借贷为业的银行，其服务对象也逐渐从私人客户发展为大众客户，业务越来越大众化；特别是当前，银行的发展已深入社会的各个角落，几乎所有的普通大众都涉及银行业务，包括老人和小孩、富人和穷人。2006年诺贝尔和平奖得主、格莱珉银行的创始人穆罕默德·尤努斯教授认为，信贷权如同人类的衣食住行一样是基本人权，理应受到尊重和保护；人类平等的信贷权，不仅是贫困主体正常的权利诉求，更是他们摆脱困境的强有力工具。

（三）中介服务业

一方面，随着银行监管方式的转变和利率市场化程度的不断提高，传统的存贷利差逐渐变小；另一方面，随着社会经济环境的变化，各类经济主体对商业银行服务的需求不再停留在传统的存贷服务上，金融需求越来越异质化、多元化，现代商业银行越来越多地发展中介业务，利用其资金、信息、信誉、机构和技术等多方面优势，在客户双方或多方之间提供中介撮合业务。例如，在经济金融全球化的推动下，作为商业银行的三大业务之一的中间业务正处于快速增长的阶段，其发展水平已成为衡量商业银行综合实力的重要标准。

在这一阶段，传统的存款、贷款业务规模扩张受到限制，业务占比不断降低，而中间业务越来越成为商业银行的主要业务。总之，从产品角度看，商业银行的发展历史，就是银行产品不断演变、不断更新换代的历史。

三、商业银行的本质属性

商业银行是指以吸收存款为主要资金来源，以开展贷款和中间业务为主要业务，以盈利为目的的综合性、多功能的金融企业。

（一）商业银行是企业

商业银行具有一般企业的基本特征：

1. 拥有从事业务经营所必要的自有资本。自有资本是商业银行存在和发展的基础，国家常通过法律条款对商业银行的资本作出规定。

2. 自主从事经营活动。商业银行在法律地位上是独立的，是独立的法人，自主地进行经营活动。商业银行所从事的是货币信用活动，货币活动主要是汇兑、结算、收付等，信用活动主要是存款、贷款、投资等。

3. 从经营中获取利润。商业银行作为盈利性的企业，追求利润最大化是银行经营的最终目标，盈利性自始至终贯穿于商业银行整个业务的全过程。首先，创立或经营银行的目的是为了盈利；其次，是否经营某项业务取决于能否为银行带来盈利。商业银行的盈利能力、利润大小，对其经营管理至关重要。利润不仅是商业银行充实资本、扩大经营的重要源泉，也是增强银行信誉、提高竞争力的有力手段。在西方商业银行中，利润成为评价银行业绩的一个最主要的指标，它决定着银行的生存与发展。总之，商业银行有自己的资本，能独立开展业务活动，独立承担民事责任，并在业务经营中获取利润。

（二）商业银行是金融企业

与一般的工商企业相比较，商业银行又有不同，主要表现在以下几个方面。

1. 经营对象上的差异。一般工商企业所经营的是一般商品，而商业银行经营的是特殊商品——货币资金。

2. 经营方式的差异。一般工商企业采取生产或买卖的方式经营，而商业银行采取借贷方式即信用方式经营。采用信用方式经营货币，不改变货币的所有权，只把货币的使用权做有条件的让渡。

3. 社会经济影响的差异。商业银行经营的信用，不仅以吸收存款和发放贷款、证券投资的形式出现，也以开出汇票、支票，开立信用账户，创造存款货币的形式出现。货币与信用的这种特殊性，使商业银行在其业务经营活动中，把货币与信用有机地结合起来，而且把社会各个经济主体、各种经济活动广泛地联系起来。因此，商业银行的经营活动对整个社会经济的影响要远远大于其他类型的企业。同时，商业银行受整个社会经济的影响也较其他类型的企业更为明显。为此，商业银行必须严格遵守国家颁布的政策、法规、条例。国际上通常是通过立法形式来对商业银行业务作出强制性的规定，进行特殊管理。

（三）商业银行是特殊的金融企业

现代金融体系是由多种银行和非银行金融机构组成的，其中包括商业银行、投资银行、政策性银行、保险公司、证券公司、信托投资公司等。与其他金融机构相比，商业银行有以下两个明显的特征：（1）能够吸收公众存款，这是商业银行的一个显著特点，并且具有存款货币创造的功能。（2）业务范围广泛。商业银行除了吸收存款、发放贷款外，还开展投资、结算、信托、理财、咨询及表外业务等一系列金融业务，商业银行是"金融超市"。商业银行业务的广泛，客观上给企业和个人的经济活动和日常生活提供了极大的便利，是其他金融机构所无法代替的，从而使商业银行在整个经济活动中居于特殊的地位。

四、商业银行的经营原则

商业银行经营原则是商业银行从事经营活动的基本准则。各国商业银行普遍认同了安全性、流动性、效益性的"三性"原则，《中华人民共和国商业银行法》第四条明确规定:"商业银行以安全性、流动性、效益性为经营原则,实行自主经营,自担风险,自负盈亏,自我约束。"

(一)安全性

1. 安全性的含义

安全性是指商业银行在资产负债过程中,避免经营风险损失、按期收回资产本息的可靠程度。安全性包括两个方面:一是负债的安全,包括资本的安全、存款的安全、各项借入资金的安全等;二是资产的安全,包括现金资产、贷款资产和证券资产等的安全。资产和负债是一个事物的两个方面,是相互联系、相互制约的。资产如处于正常周转、无损失状态,负债自然也就有了安全保障。因此,保持安全性的侧重点在于保持高质量的资产,高质量资产又包含两个方面的含义,即资产的本金和利息同时收回。因为资产所占用的资金是以负债方式筹措的,商业银行要为此支付一定的利息。如果只收回本金而没有收回利息,它的资金就会因减少而造成损失。从另一方面看,商业银行为了保证其资产的安全性,应尽量减少非营利性资产(如现金资产),以免遭受机会成本的损失。

2. 影响安全性的因素

商业银行是从事货币信用业务的机构,与一般从事商品生产、流通的工商企业相比,商业银行具有更大、更多的经营风险,这些风险包括以下几点。

(1)信用风险,指借款人或债务人到期不能偿还本息的风险。

(2)利率风险,指市场利率变动或国家调整利率水平使商业银行在筹资或运用资金时产生损失的可能性。

(3)流动性风险,指商业银行流动资产不足,不能及时支付提款需要和满足客户贷款需要,从而使银行信誉受损或被存款人挤兑的风险。

(4)汇率风险,指汇率波动使银行有遭受损失的可能性。

(5)市场风险,指商业银行由于所持有证券的市场价格变动而遭受损失的可能性。

(6)政治风险,指政局变动(如战争等)或政策改变对商业银行经营所带来的风险。

(7)通货膨胀风险,指货币贬值所带来的风险。

除以上提到的风险外,还有内部管理风险、竞争风险等。

3. 保持安全性的措施

(1)合理安排资产规模和结构,提高资产质量。商业银行通常按照贷款与存款的比率、资本净值与资产总额的比率、有问题贷款占贷款总额的比率等指标要求来控制其资产规模。如果贷款与存款的比率过高,甚至贷款总额超过存款总额,或者资本净值与资产总额的比率过低,都表明该商业银行的资产风险系数过大,会影响银行经营的安全性。如果有问题贷款占贷款总额的比率过高,也反映该银行资产质量不高,会危及银行的安全。此外,商业银行还应该注意通过保持一定比例的现金资产和持有一定比例的优质有价证券来改善银行资产结构,不断提高资产质量。

(2)提高自有资本的比重。商业银行的资金来源主要是吸收存款和借入款项,这种负债经营本身就包含着很大的风险,所以人们总是把商业银行看成是高风险企业。商业银行主要靠保持清偿力来抵御和防范这种风险,而保持清偿力的基础是商业银行的自有资本。自有资本在全部负债中的比重高低,既是人们判断一家银行实力的主要依据,也是银行信用及赢得客户信任的基础。一家商业银行若能在社会上有较高的信用，得到人们的充分信任，那么即使发生暂时的资金周转困难，也会因人们的信任而不发生挤兑，从而保证其经营安全。因此，每家商业银行都要在可能的情况下，根据实际情况，不断补充自有资本。

（3）有效防范风险，稳健合法经营。商业银行应当加强对宏观经济形势、市场利率水平、证券市场状况等的分析和预测，同时要正确选择借款人，严格操作规程，建立责任制。银行要自觉遵守各项法律法规，强化内部管理，保持良好的社会形象，谨防金融犯罪，切实防范各种风险。

（二）流动性

1. 流动性的含义

流动性是指商业银行能够随时应付客户提现和满足客户合理资金需求的能力。商业银行的流动性包括资产的流动性和负债的流动性两个方面。资产的流动性是指资产在不受价值损失的条件下具有迅速变现的能力；负债的流动性是指商业银行从资金来源途径通过市场迅速而低价地寻求资金的集中，维持银行清偿的能力。

流动性原理传统上应用于银行资产的管理，即在不发生亏损的条件下，银行迅速变现的能力，也称之为变现力。对银行来说，将流动性管理引入负债管理，是由于其传统的经营资金来自存款。通常，银行只要持有足够的资金，就不必担心对存款的清偿能力，即不必担心它的资金流动性问题。但银行持有的现金数量只能是适当的，所以当存款的兑取量超过了银行的现金数量时，银行就必须将它的有收益的非货币资产收回，即变成现金。因此，只要银行拥有足够的能在不发生亏损的条件下迅速变现的资产，如短期公债、期票等，银行仍不会失去资金的流动性。长期以来，由于银行受其主要资产——贷款的制约，即银行的各种贷款均有固定的期限，到期以前难以实现流动性，因此，当面临超乎寻常的提款要求时，银行似乎难以维持清偿力，因为其持有的一级准备、二级准备及三级准备在全部资产中所占的比重总是很小的一部分，加之那些难以拒绝的贷款需要增加时，银行的流动管理处境更为艰难。特别是在金融市场兴旺发达的今天，银行信贷资金的来源不再局限于比较单一的存款，向多渠道和多种方式发展，银行业开始从负债方面寻求流动性，而不限于资产方面。

2. 衡量流动性的标准

衡量商业银行流动性的标准有两个：一是资产和负债变现的成本，某项资产或负债变现的成本越低，则该项资产或负债的流动性就越强；二是资产和负债变现的速度，某项资产或负债变现的速度越快，则该项资产或负债的流动性就越强。

一般来说，流动性较好的资产有库存现金、在中央银行的存款、短期同业拆借、短期政府债券及优质商业票据等。流动性较差的资产有中长期贷款或证券投资等。负债流动性是指银行以较低的成本随时获取资金的能力。银行低成本、高效率地迅速实现资金集中的方式有发行可转让大额定期存单、发行金融债券、同业拆借、向中央银行借款等。保持流动性对商业银行来说之所以重要，主要是因为银行一旦不能应付客户提取存款或满足客户贷款需求以及银行本身需求，便出现了流动性危机。流动性危机将严重损害商业银行的信誉，影响其业务发展并增加业务成本。由此可见，商业银行在经营管理中必须十分注意保持良好的流动性。

3. 保持流动性的主要方法

（1）建立分层次的准备资产制度。商业银行通常是通过准备金的形式保持其良好的流动性。一级准备，又称现金准备，包括商业银行库存现金、在中央银行存款以及同业存款等。由于一级准备不能盈利或盈利性很低，商业银行一般将此类准备金减少到最低的限度，即减少到法定准备金的水平，并防止经常出现超额准备金的状况。二级准备，主要包括短期国债、商业票据、银行承兑票据及同业短期拆借等。这些资产的特点是能够迅速地在市场上出售进行贴现，或者能够立即收回，因而流动性很强。同时，通过持有这些资产，商业银行还可以获得一定的收益，在盈利性方面要优于一级准备。此外，商业银行还可以将有回购协议和外币贷款等流动性资产形成三级准备，以加强银行的流动性管理，这样，除了一级准备之外，还有二级准备甚至三级准备，可以随时应付流动性需要，商业银行的正常经营就有了更高的保障。

（2）加强负债管理。商业银行可开发可转让大额定期存单等创新业务，保持负债的流动性。保持负债的流动性有许多好处，如银行可以选择在其真正需要资金的时候借入资金，而不必总是在总资产中保留一定数量的流动性资产，这样就提高了银行的潜在收益。借入资金可以使银行保持其资产规模和结构的稳定性。

（3）加强流动性指标的考核。商业银行为了更好实现流动性管理目标，通常需要制定一些数量化指标，以衡量和反映银行的流动性状况。这些指标可分为三大类：一是资产类流动性指标，如现金资产比例、流动性资产比例和贷款占总资产的比例等；二是负债类流动性指标，如股权占总资产的比例、存款占总资产的比例以及预期存款变动率等；三是资产负债综合类流动性指标，如贷款占存款的比例、流动性资产与易变性负债的差异、存款增长率与贷款增长率之比等。银行可根据以上这些指标的要求，编制流动性计划。这些流动性计划可分为年度、季度、月度和隔日四种，其主要内容是合理安排资产与负债的对应结构，使资产的期限结构与负债的期限结构相适应，避免或减少"借短贷长"的现象。

（三）盈利性原则

1. 盈利性的含义

盈利性是指商业银行在业务活动中，在避免资产遭受损失的前提下，获取利润的能力。盈利性是商业银行经营的主要目标。商业银行的一切活动，如设立分支机构、开发金融新产品、提供什么样的金融服务等，都要服从这一目标。

商业银行盈利水平的高低、获利能力的强弱，不仅反映了商业银行现行战略和策略是否正确，更重要的是为商业银行在激烈竞争中稳步发展打下坚实的基础。第一，商业银行只有获得较多的盈利，才能充实资本，扩大经营；第二，商业银行只有获得较多的盈利，才能增强信誉，进而有稳定上升的客户基础，吸收更多的存款，减少挤兑风险；第三，商业银行只有获得较多的盈利，才能给予银行股东较高的投资回报；第四，商业银行只有获得盈利，才能提高竞争能力，才有条件提高银行员工薪资水平，从而提高员工工作的积极性和效率，也有利于商业银行吸引更多的优秀人才，提高人员素质，有条件更新现代化设备。

2. 影响商业银行盈利的因素

第一，商业银行内部因素的影响。商业银行的内部经营管理水平对盈利有很大的影响，因此提高盈利水平要从提高商业银行的经营管理水平入手。如通过提高贷款利率、扩大贷款规模、增加中间业务收入等提高业务收入，通过降低存款利息支出、减少各项非经营性支出、降低管理费用、降低员工工资等途径降低经营成本。影响商业银行盈利性的指标有利差收益率、收益盈利率、贷款收益率、证券收益率等。

第二，商业银行外部因素的影响。如国家宏观经济形势的好坏、财政货币政策的松紧、证券市场的行情、金融业的竞争情况等都可能影响盈利水平。所以，商业银行必须注意处理长期利润与短期利润、收益与风险的关系问题。短期利润高的银行不一定具有很大的发展潜力，因为高利润往往是在承担高风险的条件下取得的，所以不能单从利润率的高低来判断商业银行管理的质量。管理者也不能仅着眼于短期利润，还要考虑长远的发展。

（四）"三性"原则之间的关系

1. "三性"原则的统一性

安全性、流动性和盈利性目标是统一的，这是商业银行经营管理的基本要求所决定的，也是商业银行实现自身微观效益和宏观经济效益相统一的要求所决定的。商业银行经营的是特殊的商品——货币。资本有三个特殊要求：第一，银行必须保证本金的安全，更不能让本金损失，以保证持本金的完整；第二，银行必须保持借贷资本运用所形成的资产有足够的流动性，即当银行需要清偿力时，能迅速将资产变现，或从其他途径得到资金来源；第三，银行必须使借贷资本运动不仅能保持本金安全，还必须在运动中实现增值，给银行带来利润。商业银行在经营活动中，必须以满足以上三点要求为基本目标，即追求安全性、流动性和盈利性。商业银行经营安全性好，有利于宏观经济的稳定；商业银行资产流动性强，有利于整个社会资金加速周转，更充分地发挥资金效率；商业银行盈利水平高，既可以提高社会经济效益，也为再生产和扩大再生产积累了更多的资金，扩大了生产资本规模。"三性"原则中，安全性是前提，流动性是条件，盈利性是目的。

2. "三性"原则的矛盾性

实现"三性"原则的目标又具有矛盾性。实现安全性目标要求商业银行扩大现金资产，减少高风险资产，而实现盈利性目标则要求商业银行尽可能减少现金资产，扩大高盈利资产。如何协调这一矛盾，正确的做法是在对资金来源和资金规模以及各种资产的风险、收益、流动性进行全面预测和权衡的基础上，首先考虑安全性，在保证安全的前提下争取最大的利润。解决安全性和盈利性的矛盾，最关键的就是提高银行经营的流动性。

　　知识拓展及思政项目：中国农业银行核心价值观：诚信立业，稳健行远

2010 年 1 月 21 日，中国农业银行股份有限公司第一次明确提出了"诚信立业，稳健行远"的企业核心价值观。

所谓诚信就是守诺、践约、无欺。诚实守信，既是为人处世的基本原则，也是中华民族的传统美德。诚信包括两层含义：一是要以信用取信于人，二是对他人要给予信任。诚信是人生的立足点，既是人们的行为准则，也是企业发展的法宝。特别是银行这样的信用企业，其经营的是信用产品，更是需要诚信为本，无信不立。

所谓稳健，即合规经营、审慎经营、严谨务实、精细管理，需要更好地规避和控制风险。银行上下要牢固树立和实践科学发展观，严谨务实、精细管理、开拓创新，正确处理发展速度、规模、质量和结构的关系，努力实现风险与收益的有效匹配，走持续稳健的发展之路。

知识点 3　产品

【教学目的】
    1. 认识产品的整体概念；
    2. 认识客户需求与产品策略；
    3. 重点理解银行客户分层与银行产品策略。

一、产品整体概念

人们通常理解的产品是指具有某种特定物质形状和用途的物品，是看得见、摸得着的东西。市场营销学认为，广义的产品是指人们通过购买而获得的能够满足某种需求和欲望的物品的总和，既包括具有物质形态的产品实体，又包括非物质形态的利益，这就是产品的整体概念。经典的市场营销理论认为，产品整体概念包含核心产品、有形产品、附加产品和心理产品四个层次。

（一）核心产品

核心产品也称实质产品，是指消费者购买某种产品时所追求的利益，是顾客真正要买的东西，因而在产品整体概念中也是最基本、最主要的部分。消费者购买某种产品，并不是为了占有或获得产品本身，而是为了获得能满足某种需要的效用或利益。

如买自行车是为了代步，买汉堡是为了充饥，买化妆品是希望美丽、体现气质、增加魅力等。因此，企业在开发产品、宣传产品时应确定产品能提供的利益，产品才具有吸引力。

（二）有形产品

有形产品是核心产品借以实现的形式，即向市场提供的实体和服务的具体形象。如果有形产品是实体物品，则它在市场上通常表现为产品质量水平、外观特色、式样、品牌名称和包装等。产品的基本效用必须通过某些具体的形式才得以实现。市场营销者应首先着眼于顾客购买产品时所追求的利益，以求更完美地满足顾客需要，从这一点出发再去寻求利益得以实现的形式，进行产品设计。

产品的有形特征主要指质量、款式、特色、包装。如冰箱，有形产品不仅指电冰箱的制冷功能，还包括它的质量、造型、颜色、容量等。

（三）附加产品

附加产品是顾客购买有形产品时所获得的全部附加服务和利益，包括提供信贷、免费送货、保证、安装、售后服务等。

附加产品的概念源于对市场需要的深入认识。因为购买者的目的是满足某种需要，因而他们希望得到与满足该项需要有关的一切。现代市场竞争已不仅仅是工厂能够生产什么产品，而是其产品能提供何种附加利益，甚至这些附加利益反而转变成市场更加关注的需求。例如，家电产品能够提供配送和售后服务，电子产品能够提供分期付款。

由于产品的消费是一个连续的过程，既需要售前宣传产品，又需要售后持久、稳定地发挥效用，因此，服务是不能少的。随着市场竞争的激烈展开和用户要求的不断提高，附加产品越来越成为竞争获胜的重要手段。

（四）心理产品

心理产品是指产品的品牌和形象提供给顾客心理上的满足。产品的消费往往是生理消费和心理消费相结合的过程。随着生活水平的提高，人们对产品的品牌和形象看得越来越重，因而它也是产品整体概念的重要组成部分（见图 3 - 1）。

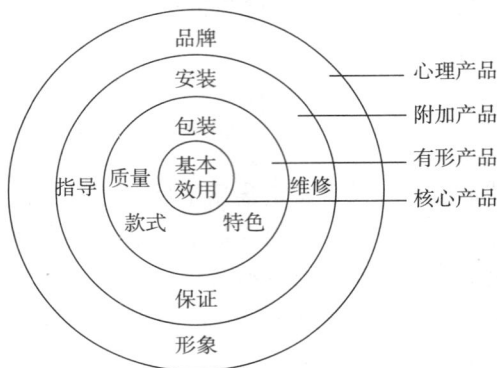

图 3 - 1　产品整体概念

二、市场细分

市场细分是指企业通过市场调研，依据消费者的需要和欲望、购买行为和购买习惯等方面的差异，将某一产品的市场整体划分为若干消费者群的分类过程。每一个消费者群就是一个细分市场，由具有类似需求倾向的消费者群体构成，企业据此提供差异化的产品细分设计。

（一）市场细分的作用

细分市场不是根据产品品种、产品系列来进行的，而是从消费者的角度进行划分的，即根据消费者的需求、动机、购买行为的多元性和差异性来划分。市场细分对企业的生产、营销起着极其重要的作用。

1. 有利于选择目标市场和制定市场营销策略。市场细分后的子市场比较具体，便于企业了解消费者的需求。企业可以根据自身经营思想、方针及生产技术和营销力量，确定自己的服务对象，即目标市场。针对较小的目标市场，企业可以制定特殊的营销策略。同时，在细分的市场上，信息容易了解和反馈，一旦消费者的需求发生变化，企业可迅速改变营销策略，制定相应的对策，以适应市场需求的变化，提高企业的应变能力和竞争力。

2. 有利于发掘市场机会，开拓新市场。通过市场细分，企业可以对每一个细分市场的购买潜力、满足程度、竞争情况等进行分析对比，探索出有利于本企业的市场机会，及时作出投产、异地销售决策或根据本企业的生产技术条件编制新产品开拓计划，进行必要的产品技术储备，掌握产品更新换代的主动权，开拓新市场。

3. 有利于企业集中人力、物力投入目标市场，提高竞争力和经济效益。任何一个企业的人力、物力、资金都是有限的。通过细分市场，选择适合自己的目标市场，企业可以集中有限资源，去争取局部市场上的优势，然后再占领自己的目标市场。

4. 有利于提升顾客忠诚度。细分的产品，可以更有针对性、更好地满足客户需求，形成客户对企业与品牌的信任、承诺、情感维系和情感依赖，提高客户黏性。

（二）市场细分的标准

市场细分的基础是客户需求的差异性，所以凡是使客户需求产生差异的因素，都可以作为市场细分的标准。细分标准可以概括为地理因素、人口统计因素、心理因素和行为因素四个方面，每个方面又包括一系列的细分变量（见表 3 - 1）。

表 3 - 1　　　　　　　　　　　　　　　市场细分的标准

细分标准	细分变量
地理因素	地理位置、城镇大小、地形、地貌、气候、交通状况、人口密集度等
人口统计因素	年龄、性别、职业、收入、民族、宗教、教育、家庭人口、家庭生命周期等
心理因素	生活方式、性格、购买动机、态度等
行为因素	购买时间，购买数量，购买频率，购买习惯（品牌忠诚度），对服务、价格、渠道、广告的敏感程度等

1. 地理因素

按地理因素细分，就是按消费者所在的地理位置、地理环境等变数来细分市场。处在不同地理环境下的消费者，对同一类产品往往会有不同的需要与偏好。

（1）地理位置。可以按照行政区划来进行细分，如在我国，既可以划分为东北、华北、西北、西南、华东和华南几个地区，也可以按照地理区域来进行细分，如划分为省、自治区、市、县等，或内地、沿海、城市、农村等。在不同地区，消费者的需求显然存在较大差异。

（2）城镇大小。可划分为大城市、中等城市、小城市和乡镇。处在不同规模城镇的消费者，在消费结构方面存在较大差异。

（3）地形和气候。按地形可划分为平原、丘陵、山区、沙漠地带等，按气候可分为热带、亚热带、温带、寒带等。

2. 人口统计因素

按人口统计因素细分，就是按年龄、性别、职业、收入、民族、宗教、教育、家庭人口、家庭生命周期等变数，将市场划分为不同的群体。由于人口变数比其他变数更容易测量，且适用范围比较广，因而人口变数一直是细分消费者市场的重要依据。

（1）年龄。不同年龄段的消费者，由于生理、性格、爱好、经济状况的不同，对消费品的需求往往存在很大的差异。因此，可按年龄将市场划分为许多各具特色的消费者群，如儿童市场、青年市场、中年市场、老年市场等。

（2）性别。按性别可将市场划分为男性市场和女性市场。不少商品在用途上有明显的性别特征。如男装和女装、男表与女表。在购买行为、购买动机等方面，男女之间也有很大的差异，如妇女是服装、化妆品、家庭用具、小包装食品等市场的主要购买者，男士则是香烟、饮料、体育用品等市场的主要购买者。

（3）收入。收入的变化将直接影响消费者的需求欲望和支出模式。根据平均收入水平的高低，可将消费者划分为高收入、次高收入、中等收入、次低收入、低收入五个群体。收入高的消费者就比收入低的消费者更有能力购买更高价的产品，如钢琴、汽车、空调、豪华家具、珠宝首饰等，收入高的消费者一般喜欢到大百货公司或品牌专卖店购物；收入低的消费者则通常在住地附近的商店、仓储超市购物。

（4）民族。世界上大部分国家都拥有多种民族，我国更是一个多民族的大家庭。这些民族都各有自己的传统习俗、生活方式，从而呈现出各种不同的商品需求。

（5）职业。不同职业的消费者，由于知识水平、工作条件和生活方式等不同，其消费需求存在很大的差异，如教师比较注重书籍、报刊方面的需求，文艺工作者则比较注重美容、服装等方面的需求。

（6）教育状况。受教育程度不同的消费者，在志趣、生活方式、文化素养、价值观念等方面都会有所不同，因而会影响他们的购买种类、购买行为、购买习惯。

（7）家庭人口。据此可分为单身家庭（1人）、单亲家庭（2人）、小家庭（2～3人）、大家庭（4～6人，或6人以上）。家庭人口数量不同，在住宅、家具、家用电器乃至日常消费品的包装大小等方面都会出现需求差异。

3. 心理因素

按心理因素细分，就是将消费者按其生活方式、性格、购买动机、态度等变数细分成不同的群体。

（1）生活方式。在服装、化妆品、家具、娱乐等行业，越来越多的企业重视按人们的生活方式来细分市场。生活方式是人们对工作、消费、娱乐的特定习惯和模式，不同的生活方式会产生不同的需求偏好，如传统型、新潮型、节俭型、奢侈型等。这种细分方法能显示出不同群体对同种商品在心理需求方面的差异性，如美国有的服装公司就把妇女划分为"朴素型妇女""时髦型妇女""男子气质型妇女"三种类型，分别为她们设计不同款式、颜色和质料的服装。

（2）性格。消费者的性格与对产品的喜好程度有很大的关系。性格可以用外向与内向、乐观与悲观、自信、顺从、保守、激进、热情、老成等词句来描述。性格外向、容易感情冲动的消费者往往好表现自己，因而他们喜欢购买能表现自己个性的产品；性格内向的消费者则喜欢大众化，往往购买比较平常的产品；富于创造性和冒险心理的消费者，则对新奇、刺激性强的商品特别感兴趣。

（3）购买动机，即按消费者追求的利益来进行细分。消费者对所购产品追求的利益主要有求实、求廉、求新、求美、求名、求安等，这些都可作为细分的变量。例如，有人购买服装是为了遮体保暖，有人是为了美的追求，有人则为了体现自身的经济实力，等等。

4. 行为因素

按行为因素细分，就是按照消费者购买或使用某种商品的时间、购买数量、购买频率、对品牌的忠诚度等变数来细分市场。

（1）购买时间。许多产品的消费具有时间性，烟花爆竹的消费主要在春节期间，月饼的消费主要在中秋节以前，旅游点在旅游旺季生意最兴隆。因此，企业可以根据消费者产生需要、购买或使用产品的时间进行市场细分，如航空公司、旅行社在寒暑假期间大做广告，实行优惠票价，以吸引师生乘坐飞机外出旅游；商家在酷热的夏季大做空调广告，以有效增加销量；双休日商店的营业额大增，而在元旦、春节期间，销售额则更大等。因此，企业可根据购买时间进行细分，在适当的时候加大促销力度，采取优惠价格，以促进产品销售。

（2）购买数量。据此可分为大量用户、中量用户和少量用户。大量用户人数不一定多，但消费量大，如文化用品的大量使用者是知识分子和学生，化妆品的大量使用者是年轻女性等。

（3）购买频率。据此可分为经常购买、一般购买、不常购买（潜在购买者）。如铅笔，小学生经常购买，高年级学生按正常方式购买，工人、农民则不常买。

（4）购买习惯。据此可将消费者划分为坚定品牌忠诚者、多品牌忠诚者、转移的忠诚者、无品牌忠诚者等。坚定品牌忠诚者，即始终不渝地购买一种品牌的消费者。多品牌忠诚者往往钟情于两种或三种品牌。转移的忠诚者会从偏爱一种品牌转换到偏爱另一种品牌。无品牌忠诚者是无忠诚度的消费者，他们对品牌完全无动于衷。

三、产品组合

（一）产品组合的四个因素

产品组合包括四个因素：产品系列的宽度、长度、深度和关联性。这四个因素的不同，构成了不同的产品组合。

（1）宽度，是指企业的产品线总数。产品线也称产品大类、产品系列，是指一组密切相关的产品项目。这里的密切相关可以是使用相同的生产技术，或者产品有类似的功能，或者同类的顾客群，或者同属于一个价格幅度，等等。产品组合的宽度说明了企业的经营范围、跨行业经营甚至实行多元化经营的程度。增加产品组合的宽度，可以充分发挥企业的特长，使企业的资源得到充分利用，提高经营效益，还可以降低企业经营的风险。

（2）长度，是指一个企业的产品项目总数。产品项目指列入企业产品线中具有不同规格、型号、式样或价格的最基本产品单位。通常，每一产品线中包括多个产品项目，企业各产品线的产品项目总数就是企业产品组合长度。

（3）深度，是指产品线中每一产品有多少品种。产品组合的长度和深度反映了企业满足各个不同细分子市场的程度。增加产品项目，增加产品的规格、型号、式样、花色，可以迎合不同细分市场消费者的不同需要和爱好，招徕、吸引更多顾客。

（4）关联性，是指一个企业的各产品线在最终用途、生产条件、分销渠道等方面的相关程度。较高的产品关联性能带来企业的规模效益和范围效益，提高企业在某一地区、行业的声誉水平。

（二）产品组合策略

企业在调整产品组合时，可以针对具体情况选用以下产品组合策略。

1. 扩大产品组合策略

扩大产品组合策略是指开拓产品组合的广度和加强产品组合的深度。开拓产品组合广度是指增添一条或几条产品线，扩展产品经营范围；加强产品组合深度是指在原有的产品线内增加新的产品项目。具体方式有：在维持原产品品质和价格的前提下，增加同一产品的规格、型号和款式；增加不同品质和不同价格的同一种产品；增加与原产品相类似的产品；增加与原产品毫不相关的产品。

扩大产品组合的优点是：满足不同偏好消费者的多方面需求，提高产品的市场占有率；充分利用企业信誉和商标知名度，完善产品系列，扩大经营规模；充分利用企业资源和剩余生产能力，提高经济效益；减小市场需求变动性的影响，分散市场风险，降低损失程度。

2. 缩减产品组合策略

缩减产品组合策略是指削减产品线或产品项目，特别是要取消那些获利小的产品，以便集中力量经营获利大的产品线和产品项目。缩减产品组合的方式有：减少产品线数量，实现专业化生产经营；保留原产品线，削减产品项目，停止生产某类产品，外购同类产品继续销售。

缩减产品组合的优点有：集中资源和技术力量改进保留产品的品质，提高产品商标的知名度；生产经营专业化，提高生产效率，降低生产成本；有利于企业向市场的纵深发展，寻求合适的目标市场；减少资金占用，加速资金周转。

3. 高档产品策略

高档产品策略，就是在原有的产品线内增加高档次、高价格的产品项目。实行高档产品策略主要有这样一些益处：高档产品的生产经营容易为企业带来丰厚的利润；可以提高企业现有产品声望，提高企业产品的市场地位；有利于带动企业生产技术水平和管理水平的提高。

采用这一策略，企业也要承担一定风险。因为企业惯以生产廉价产品的形象在消费者心目中不可能立即转变，使高档产品不容易很快打开销路，从而影响新产品项目研制费用的迅速收回。

4. 低档产品策略

低档产品策略，就是在原有的产品线中增加低档次、低价格的产品项目。实行低档产品策略的好处是：借高档名牌产品的声誉，吸引消费水平较低的顾客慕名购买该产品线中的低档廉价产品；充分利用企业现有生产能力，补充产品项目空白，形成产品系列；增加销售总额，扩大市场占有率。

与高档产品策略一样，低档产品策略的实行能够迅速为企业寻求新的市场机会，同时也会带来一定的风险。如果处理不当，可能会影响企业原有产品的市场声誉和名牌产品的市场形象。此外，这一策略的实施需要有一套相应的营销系统和促销手段与之配合，这些必然会加大企业营销费用的支出。

四、银行客户分层及产品策略

（一）银行客户分层的意义

客户分层起源于 20 世纪 50 年代中期，由美国学者温德尔·史密斯提出，其理论依据主要是两个方面，即顾客需求的异质性和银行资源的有限性。客户分层就是在资源有限性和需求异质性的前提下，对银行的客户群根据不同维度进行细分的过程，从而为客户提供精细化、精准化的服务。

从客户需求的角度来看，不同类型的客户，其需求是不同的。想让不同的客户对同一银行都感到满意，就要求银行提供有针对性的符合客户需求的产品和服务。而为了满足这种多样化的异质性的需求，就需要银行对客户群体按照不同的标准进行客户细分。

从客户价值的方面来看，不同的客户能够为银行提供的价值是不同的。银行要想知道哪些是最有价值的客户，哪些是忠诚客户，哪些是潜在客户，哪些客户的成长性最好，哪些客户最容易流失，就必须对自己的客户进行细分。

从银行的资源和能力的角度来看，如何对不同的客户进行有限资源的优化配置，是每个银行都必须考虑的。商业银行服务资源有限，客户数量众多，所以在对客户管理时，非常有必要对客户进行统计和分析。

（二）银行客户分层的标准

一般来说，银行客户分层，主要是依据客户对银行的价值或贡献，这也是当前银行客户分层的主要方法。

根据西方银行业的服务分类，可将银行客户及其服务区分为几个类型：第一类是大众银行（Mass Banking），不限制客户资产规模；第二类是贵宾银行（Affluent Banking），客户资产在 10 万美元以上；第三类是私人银行（Private Banking），要求客户资产在 100 万美元以上；第四类是家族传承工作室（Family Office），要求客户资产在 8000 万美元以上。

在我国，银行也开始将客户区分为几个层次，即普通客户、贵宾客户、私人银行客户等，并设计不同的产品和服务。具体的标准就是客户的资产规模，包括客户在银行的存款金额、客户个人家庭资产、客户月均收入、零售贷款金额、客户在银行的其他业务。

（三）贵宾银行服务

按照金融资产的多寡，银行将客户划分为几个层级（不同的银行划分类型会有所不同），常见的主要有以下等级：金卡客户（日均金融资产 10 万元）、白金客户（日均金融资产 50 万元）、黑金客户（日均金融资产 100 万元）、钻石客户（日均金融资产 200 万元）、私人银行客户（日均金融资产 600 万元）。不同的银行分类及要求的金融资产会略有出入，但是整体差异不大。

不同层级的 VIP 客户，在银行可以享受到的待遇是完全不一样的，层级越高的客户，可以享受到的待遇越高。

1. 减免费用。目前各家银行手机渠道的转账费用都是减免的，但是柜面/网上银行的转账手续费依然存在，除此之外，还有短信服务费、非单一账户管理费、跨行 ATM

取现费、汇兑手续费等各类资费。其中，低层级的金卡，一般是部分五折优惠，而白金及以上层级的 VIP 卡则所有费用全部减免。

2. 网点绿色通道。其实绿色通道很多人都不陌生，比如机场的贵宾通道、贵宾等候室等。一般各家银行的网点都会设置贵宾服务窗口，优先为贵宾客户办理各项业务，免除排队等候的困扰。另外，银行在网点还会设置贵宾服务区，专门为重要客户办理业务。

3. 贵宾专属产品。很多银行针对贵宾客户会推出专属的理财投资产品，这类产品的收益率往往高于一般的理财产品，但相应的其购买的起点金额也会比较高。

4. 重要节日关怀。每逢重要节假日或者客户生日，银行都会通过短信问候与祝福，如果是贵宾客户，往往还会获得银行的各类实物礼品。

（四）私人银行服务

在贵宾客户类型中，银行还会将其中最重要的客户区分为私人银行客户。

私人银行目标客户是具有富余的资产或很高收入的私人顾客。私人银行的门槛很高，其服务对象不是一般大众客户，而是社会上的富裕人士，或称为高净值资产客户。私人银行客户的金融资产一般在 100 万美元以上。银行针对细分客户提供相应的服务，私人银行则服务处于金字塔顶端的客户。以下是当前我国各大银行私人银行服务的门槛标准（见表 3-2）。

表 3-2 私人银行门槛标准

银行名称	私人银行总部所在地	最低开户额
瑞士银行	北京、上海	金融资产 1000 万元人民币或 200 万美元以上等值外币
工商银行	上海	金融资产 800 万元人民币以上
建设银行	上海	金融资产 600 万元人民币以上
农业银行	上海	金融资产 800 万元人民币以上
中国银行	全国	金融资产 800 万元人民币以上
东亚银行	广州	最低存款额为 100 万美元以上或等值货币
汇丰银行	广州	金融资产 100 万美元以上
招商银行	深圳	金融资产 1000 万元人民币以上
广发银行	上海	金融资产 600 万元人民币以上

在贵宾客户服务的基础上，私人银行服务主要有以下特点：（1）私密性。私人银行面对的客户拥有巨额财富，管理如此庞大的财富，要求保证其私密性，需要私人银行家提供高私密性的服务，以保证财产的安全性并实现保值和增值。私人银行的首要特点是私密。（2）专属性。私人银行的专属性体现在三方面：专属产品、专属理财规划和专属服务人员。（3）专业性。私人银行涉及庞大资产的管理，对专业性要求非常高，专业水平如何将成为衡量私人银行业务竞争力的重要指标，并成为各行私人银行业务竞争的关键。

知识拓展及思政项目：警惕消费主义倾向

20 世纪以来，随着工业革命的完成，生产力显著提升，消费主义在美国和西欧急剧扩张并影响全球。消费主义不同于消费，越来越向幻象化、物象化和庸俗化的消费态势发展，使人们不再满足于普通物质的消费而是转向被符号包装过的文化意义消费，不再满足于维持生存所需的真实消费而是被诱惑扩大的非必需品消费，最终诱导人们成为商品的奴隶。

消费主义主要表现在三个方面：（1）浪费性消费。消费主义倡导的是一种"用过就扔"的"一次性消费"，即使物品还具有一定的使用价值仍将其遗弃。另外，在消费品的设计和销售中过度包装，甚至包装的成本要大于消费品自身的价值；产品的部分功能对客户需求来说是多余的，客户在整个产品生命期间都不曾利用。（2）感性消费。消费者在传媒的鼓吹下，盲目追求商品的符号信息，消费行为本身不再具有理性和节制，即不考虑对某一商品的消费是否必要，就是"跟着感觉走"的消费。（3）炫耀性消费。消费主义下的消费者吃穿讲排场，斗富，对什么事情都讲究大操大办。

消费主义的盛行造成了极大的危害：（1）资源危机。消费主义倡导高档消费、过度消费、时尚消费、超前消费、一次性消费等，不仅使企业加快了商品更新换代的速度，消耗了大量自然资源，导致人均消耗资源量上升，资源消耗总量增加，而且使消费者将大量仍有使用价值的商品抛弃，导致了资源的巨大浪费，加重了资源危机。（2）生态危机。消费主义通过支持"大量生产—大量消费—大量废弃"的现代生活方式，大量生产和大量消费所诱导的人类欲望将超越地球生态圈的承受限度，而大量废弃所造成的垃圾过剩将超越生态系统的自我修复和转化限度，结果必然造成自然资源的破坏和生态环境的污染，导致了全球性的生态危机。（3）价值观危机。在消费主义社会中，社会关系特别是家庭和团体中的社会关系被忽略了，生活节奏随着国家工业化和商业化程度的增大而加快，人们能够享用的闲暇时光越来越少。尽管消费者能够得到充裕的物质满足，但他们也并不感到特别快乐。人的情趣是被安排好的，需求是被刺激起来的，消费的行为缺乏主动性。人并不是主动地参与这些活动，而是被动地吸收这一切。人在消费领域也是不自由的，消费者面对空前的市场诱惑总是显得矛盾重重，自由选择越来越成为一种心理负担，而非一种经济权利的享受。

知识点 4　银行支付的性质与其基础：账户服务

一、支付的性质及其实现

在商品交易中，一方交付商品，另一方交付货币。商品交付自有其规则安排，而货币如何交付？货币交付的规则即货币从一方交付到另一方的过程，我们一般称为支付（Payment）。根据支付方式或载体工具的不同，可以分成现金支付和非现金支付。

（一）现代信用货币体系下的现金支付

作为货币，支付手段即其基本职能。为发挥支付职能，现代信用货币的发行已在很大程度上便利了货币的支付：（1）设计成种类齐全的不同面额，这种"天然"的价值大小的区分，使拼凑出各种支付价格变得可能，且具有可操作性。（2）纸币和硬币（金属辅币）。在便捷、高效、安全等方面，纸币和硬币各有特点。即使纸币代替硬币成为不可逆的潮流，硬币在某些情形下（特别是小额支付）仍具有无可替代的优势。因此，当前世界各国除了纸币发行之外，还发展了丰富多彩的硬币体系。特别是在欧美，欧元硬币共有 8 种，即 1 欧分、2 欧分、5 欧分、10 欧分、20 欧分、50 欧分、1 欧元和 2 欧元；流通中的美元硬币共有 1 美分、5 美分、10 美分、25 美分、50 美分、1 美元 6 种面额。（3）即使是同一种面额的货币，也制造出纸币和硬币，从而大大增强了现金支付的效率。

（二）现金货币的交付规则：占有即所有

现金货币作为特殊的种类物，其法律属性适用"占有即所有"规则，交付即发生所有权转移，也即任何占有货币的人都将被推定为货币的所有人。为便利货币交易，货币是不记名的，从而消除了交易时明确货币所有权真实性的负担，进一步地使现金货币交易演化成一种匿名交易，可以实现对交易人最大限度的隐私保护，从而促进了交易的达成。

（三）银行非现金支付方式的逻辑

相对于现金支付，在某些交易领域（如大额支付、担保支付等），非现金支付体现了其功能和必要性。在现代，为非现金支付技术发展提供了重要依据和手段的，即是银行账户的出现和发展。

存取款是现代银行的基本业务，并在此基础上发展出账户概念及账户服务业务，即为客户设立账户并利用账户进行记账的行为，包括加记（存款）、减记（取款）、余额汇总等。在银行账户服务的初期，针对一个客户而言，银行仅为客户提供纯粹的记账服务。但在理论逻辑上，如若银行同时为两个客户提供账户服务，一方减记，另一方加记，则可实现货币从一方向另一方的转移，即支付。这一做法能够产生极大的好处：无须发生实际的现金货币转移，更加便捷、高效和安全。

（四）银行非现金支付方式的实现

当然，银行开展的支付业务，只是实现了客户之间的货币转移，银行自身并非作为交易主体参与货币转移，因而显然不同于银行的信用业务。银行在开展支付结算业务的过程中，必须遵守下列原则：恪守信用，履约付款；谁的钱进谁的账，由谁支配；银行不垫款。

然而，如何实现呢？同时减记和加记，是银行支付业务的必然。具体到银行为客户记账的业务场景即是两个客户同时来到银行的人工柜台，提供相应交易资料，银行同时记账。显然，这样的确有些困难。为此，银行发展出了客户书面委托、代表客户意思的纸质凭证，标准化发展之后即成为现代的票据。银行依据票据同时为两个客户记账，此时的场景即"票据 + 银行人工记账"。

随着信息技术的发展，一方面是银行记账依赖的信息生产和传递的电子化，另一方面是银行会计记账基于程序驱动的自动化，从而大大地改变了银行支付业务。此时的场景即"数字账户 + 程序自动处理"。银行的非现金支付演变成了"真正"的现金。

因此，根据银行非现金工具的不同，非现金支付结算方式可以分为银行票据支付结算、电子支付结算（银行卡支付、互联网支付）。

（五）现代支付体系中的几个相关概念

现代支付体系中，其参与主体已经高度复杂，包括付款人（买方）、收款人（商户）、发卡方、收单方、支付结算平台（中国银联、国际银行卡组织、SWIFT 等）。在现实中，也相应地出现了清算（Clearance）、结算（Settlement）等概念，从而导致与支付概念的混淆甚至混用。

一般来说，在现代支付体系中，整个支付过程分割为三个环节，即交易、清算和结算。支付的交易环节是指支付指令的发起、确认和发送。清算环节是对支付信息的撮合、传递、归集和清分的过程。结算环节是根据清算的结果在指定的时间进行实际的货币资金的转移，代表债权债务关系的最终了结，是最为重要的货币收付过程。因此，现代一般又将支付和结算混同使用，即支付结算。

《国务院关于实施银行卡清算机构准入管理的决定》对银行卡清算业务作出如下界定：银行卡清算业务，是指通过制定银行卡清算标准和规则，运营银行卡清算业务系统，授权发行和受理本银行卡清算机构品牌的银行卡，并为发卡机构和收单机构提供其品牌银行卡的机构间交易处理服务，协助完成资金结算的活动。因此，清算的定位是协助资金结算的行为，将清算和结算过程做了区分，清算在结算之前，为提高结算的效率提供支持。

二、银行账户概念的出现及其功能

(一)银行账户的出现

客户将资金存放于银行,双方会签订一份契约,记录客户的姓名、地址;为方便银行对众多客户的管理,会对客户进行编号;为防止出现冒名,会附加一定的密码系统……这些构成了客户在银行的多维信息体系,将来提取资金时可对客户进行认证。特别是随着数字信息技术的发展,客户编号在银行运营管理以及客户使用体验中发挥了日益重要的作用,现代一般所谓的"银行账户"即在于此。

银行账户,又称为户口或户头,是银行和客户之间的财政账户,记录了客户资金在银行的往来轨迹,是资金存取、交易、核算的首要载体。

根据客户的不同,可以分为个人银行账户、单位银行账户、同业银行账户;根据账户记载及其功能实现方式的不同,可以分为存折账户、银行卡账户、电子银行账户;根据账户所处理的业务不同,可以分为存款账户、结算账户、贷款账户、理财账户、交易账户等。在不同客户、不同需求、不同情境下,这些账户的设立、使用会存在一定的差异和不同的规范,以下主要以个人存款账户为基础进行梳理。

(二)银行账户的作用

1. 记账功能

从会计意义上讲,记账是指根据审核无误的原始凭证及记账凭证,按照国家统一会计制度规定的会计科目,运用复式记账法,将经济业务序时地、分类地登记到账簿中去。根据记录的对象,按照时间先后,将客户与银行之间发生的所有发生收入、支出、余额变化连续记录在银行账户中,可供双方查阅了解。

进一步讲,银行账户是银行与客户之间关于货币存取的记录,是客户与银行之间资产、负债关系的凭证。在此基础上,随着信息记录技术的演变,银行账户逐步演变出以下功能,包括存取款功能、转账功能、结算功能等。

除了记录货币之外,还逐步发展出记录其他财产的账户,如贵金属账户、理财账户、基金账户、石油账户等。以下主要是指货币账户,包括本外币账户。

2. 存取款功能

存取款,是指凭借银行账户,将货币存放在银行或从银行提取现金。当客户货币闲置的时候,将货币存放于银行,银行记录这一业务,账户的货币余额增加;当客户需要运用现金的时候,从银行账户中提取,银行记录这一业务,账户的货币余额减少。

通过存取款,整个社会的货币使用演变成如下这样的图景:客户手中尽量少地持有一定的现金以备不时之需,其他的货币都落入银行体系循环运转。换句话说,银行体系代理客户,将大量的货币运行转移到银行这一中介手中。

随着银行开发的大量可以代替现金的非现金支付工具的出现,包括支票、可转让存单、银行卡、电子账户,整个社会运转的现金越来越少,直至发展到可能的无现金社会。特别是当前法定数字货币的提出和实践,将会颠覆货币的概念,也将对银行体系的账户系统带来革命性的影响。

3. 转账支付功能

如何将货币从一个人转移到另一个人，或者从一个地方转移到另一个地方？在传统的货币体系下，人们是携带、运输相应的货币到另一方。在银行存取款的制度体系中，人们是从一个账户中提取现金，到另一个人或另一个地方的另一个账户，这就是银行业所谓的"现金搬家"现象。在银行业创造并使用大量非现金工具的制度体系中，如运用支票、银行卡等工具，实现在一个账户减记、另一个账户加记的现代支付体系，其中的逻辑即是利用银行账户记账作用的发挥。

在传统的记账方式下，银行通过记账凭证（现金、支付工具等），依靠人工实现转账支付。而在现代电子技术发展的当前，会计信息的电子化以及记账技术的电子自动化，一个账户减记、另一个账户加记的货币转移，已经演变成程序驱动的、无须银行人工的自动化实现。最终的结果是，银行账户之间的资金转移演变成如货币一样的支付功能，最终使银行账户成为货币。

三、银行账户工具

银行账户工具（介质）是指能记录、核实、证明银行账户内容的载体物质，根据其发展演进，主要包括存单（折）、银行卡、电子虚拟账户。

（一）存单、存折

存单（折），或存款簿，是用来记录存款户口的银行交易的簿子。据史书记载，我国历史上最早的信用机构是南北朝的质库（类似典当业），到了唐朝中叶出现了柜坊等，凭证有相互约定的实物，即具体的一样东西，较多的则使用凭贴、书贴、文券、券契等，为单纸或折纸式的单笔往来的记录，可以说这就是存折的前身。

存单（折）是银行凭以办理储蓄业务的一种信用凭证，是储户办理存款和取款的凭据。银行在办理存款业务时，必须将客户姓名、存款金额、存期、存入时间、到期时间、账号、利率等内容填写齐全，并加盖储蓄业务章和经办人员私章。存单一般用于一次性存取，存折多用于具有连续性的多次存取。

（二）银行卡

银行卡的起源，是作为信用支付工具的信用卡，发展到现在，一方面是作为信用支付工具的银行卡，更重要的是，开始作为银行账户工具，全面替代纸质账户工具。进一步地可以认为，银行账户工具和支付工具合二为一。

1997 年 12 月 1 日起施行的《支付结算办法》第一百三十条规定，信用卡是指商业银行向个人和单位发行的，凭以向特约单位购物、消费和向银行存取现金，且具有消费信用的特制载体卡片。1999 年 3 月 1 日起施行《银行卡业务管理办法》第二条规定，银行卡是指由商业银行向社会发行的具有消费信用、转账结算、存取现金等全部或部分功能的信用支付工具。银行卡主要分为两类：信用卡和借记卡。

关于信用卡还是银行卡的名称问题，《支付结算办法》规定的信用卡，其实是之后发展的银行卡的概念。特别是其中关于信用卡的称谓，《支付结算办法》主要依据其作为类同于票据的信用支付结算工具，具有信用支付功能，而称为信用卡；而《银行卡业务管理办法》中规定的信用卡是具有透支功能的银行卡。

银行卡，作为电子信息技术发展的产物，作为账户工具存取现金，由于其无形性，起初也是难以为客户接受的。因此，在使用过程中，需要配之以纸质详单。但随着电子信息技术工具的大众化，人们开始接受银行卡，而称之为电子货币。

（三）电子银行账户

电子信息技术发展而来的银行卡，又被进一步虚拟化和无形化了，而代之以电子银行账户。在客户体验中，银行卡至少还有一个实体的存在，而电子银行账户则是完全数字化的银行账户工具。

电子银行账户服务是通过银行网上操作提供的账户管理服务，客户的银行卡号或银行账号是电子商户的标志。电子账户通过客户认证、数字签名、数据加密等技术措施保证其操作的安全性。

电子账户具备借记卡的大部分功能，能实现多账户管理，并享受投资、理财、融资、网上支付、公共事业费缴纳等全方位个人金融服务。此外，账户开立后，能够对家庭资金进行统一管理和归集。

电子账户的设立有两种类型。一种是完全依赖于因特网的全新电子银行的电子账户，几乎所有的银行业务都在网上交易。例如，世界上第一家网上银行安全第一网络银行的电子账户，可以为客户办理开户、存取款、转账、付款等业务。另一种是现有的传统银行运用因特网开展的传统银行业务交易处理服务而为客户建立的相应的电子账户。

这些电子银行账户与银行的传统账户的种类是相同的，如支票账户、储蓄账户、大额可转让存单、信用卡、货币交易、贷款、旅行支票等。银行也在这些基础上发展了具有网络特色的电子账户服务，如通过网络开设和关闭账户、公布存贷款利率、公布收费项目、显示对账单、转账、支付电子账单、向客户主动发送服务电子邮件等。

四、我国银行账户的演变历程

（一）个人银行账户实名制

1. 个人银行账户实名制的含义

2000年3月20日，我国出台《个人存款账户实名制规定》，并由中国人民银行组织实施。2008年6月20日，人民银行印发《中国人民银行关于进一步落实个人人民币银行存款账户实名制的通知》，重新梳理并规范了新形势下个人银行账户的开立及使用规定，有效地指导了银行账户实名制落实工作。

实名制，顾名思义，就是要求社会公众用真实身份参与各类社会活动。个人存款账户实名制，是指个人在银行开立存款账户办理储蓄存款时，应当出示本人法定身份证件，使用身份证件上的姓名；银行要按照规定进行核对，并登记身份证件上的姓名和号码，以确定储户对开立账户上的存款享有所有权的一项制度。

《个人存款账户实名制规定》施行后，个人在银行新开立存款账户办理储蓄存款时，必须出示本人法定身份证件，使用实名。银行账户实名制的核心包括核验开户申请人提供身份证件的有效性、开户申请人与身份证件的一致性和开户申请人的真实开户意愿三方面。银行在落实银行账户实名制时应围绕上述核心要素开展工作：一是开户申请人申请开立银行账户，必须向银行提交合法的身份证件和资料。二是银行应利用多种有效手段核验开户申请人提供身份证件的合法性，确保开户申请人与身份证件的一致性。三是核实开户申请人开户意愿的真实性。

在账户开立之后，个人使用账户再次存款或取款时，《个人存款账户实名制规定》没有强制规定是否需要持本人身份证件办理，即银行可以根据需要自行设定。当前，在一般业务情形下，客户可以只持存单或存折，无须持本人身份证件办理；而针对特殊业务情形，如大额存取、提前支取、存单挂失等，则需持本人身份证件办理。这一问题其实也值得探讨。当前做法考虑的可能是提高账户的使用效率，而弱化了"真实性"的目的。很显然，实名制规范的本质就是账户使用过程的真实性，如若只是侧重开立账户，则会出现漏洞。

考虑因种种原因部分客户不能亲自到银行办理存款的实际情况，《个人存款账户实名制规定》规定了代理存款制度。代理他人在原账户办理第一笔存款或新开立个人存款账户时，代理人除应当持被代理人的有效身份证件外，还要持代理人的有效身份证件。

监管部门明确了代理开户的主要情形：存款人开立代发工资、教育、社会保障、公共管理等特殊用途银行账户；无民事行为能力或限制民事行为能力的存款人可以代理开户。同时，对于身患重病、行动不便、无自理能力等无法自行前往银行的特殊群体，办理挂失、密码重置、销户等业务时，银行可采取上门服务方式办理，也可由其配偶、父母或成年子女代理办理。实际操作中，银行应兼顾原则性和灵活性，在切实落实银行账户实名制的前提下，根据存款人的实际情况，自行确定代理开户的具体情形。

2. 个人银行账户实名制的目的

（1）保证个人存款账户的真实性，保护存款人的合法权益。如果存款人不使用实名开立存款账户，一旦存单（折）遗失或毁损需要到银行挂失时，或者办理存取款时，由于本人身份证件上的姓名与要求挂失存单（折）上的户名不一致，按照《储蓄管理条例》的规定，银行不能受理其业务请求，极易造成存款人的实际经济损失。另外，我国人口众多，同名同姓的人很多，因而在一些涉及存单纠纷的诉讼中，司法机关无法辨别存单的归属。

（2）可以遏制利用银行账户从事电信网络诈骗、洗钱、偷逃税款等违法犯罪活动。不仅有利于国家打击这些犯罪活动，还能减少网络诈骗对存款人造成的伤害；能防范单位和个人的信息被不法分子冒名开户，减少因假名、匿名开户造成的经济纠纷和损失。

3. 个人银行账户须出具的有效证件要求

按照规定要求，银行为存款人开立个人银行账户，应该核对、登记存款人提供的法定身份证件的种类、姓名、号码。其中，存款人出具的有效证件要求如下：

（1）居住在中国境内16岁以上的中国公民，应出具居民身份证或临时身份证。军人、武装警察尚未申领居民身份证的，可出具军人、武装警察身份证件。居住在境内或境外的中国籍的华侨，可出具中国护照。

（2）居住在中国境内16岁以下的中国公民，应由监护人代理开立个人银行账户，出具监护人的有效身份证件以及账户使用人的居民身份证或户口簿。

（3）香港、澳门特别行政区居民，应出具港澳居民往来内地通行证；台湾居民，应出具台湾居民来往大陆通行证或其他有效旅行证件。

（4）外国公民，应出具护照或外国人永久居留证（外国边民，按照边贸结算的有关规定办理）。

除以上法定有效证件外，银行还可根据需要，要求存款人出具户口簿、护照、工作证、机动车驾驶证、社会保障卡、公用事业账单、学生证、介绍信等其他能证明身份的有效证件或证明文件，以进一步确认存款人身份。

（二）银行账户的功能演进

1. 最初的存取现金（储蓄）功能

我国《储蓄管理条例》规定，设立储蓄存款账户，客户可以凭借存款账户存取现金。活期储蓄存款，可以任意存取；定期储蓄存款，可以续存、到期提取、提前支取。可以按规定存取，这是客户于银行开立存款账户时的天然要求，也是当前所称的狭义的储蓄业务。

2003 年 4 月 10 日发布的《人民币银行结算账户管理办法》第四十三条规定，储蓄账户仅限于办理现金存取业务，不得办理转账结算。

2. 结算功能

《人民币银行结算账户管理办法》全面梳理了人民币银行结算账户的开立、使用、变更与撤销等规定。2005 年 1 月 19 日，人民银行又发布了《人民币银行结算账户管理办法实施细则》。

所谓银行结算账户，是指银行为存款人开立的办理资金收付结算的人民币活期存款账户。针对活期存款，在原先的储蓄功能的基础上，拓展了结算功能，客户可以借助结算账户办理资金收付。

（1）个人银行结算账户是自然人因投资、消费、结算等而开立的可办理支付结算业务的存款账户。有下列情况的，可以申请开立个人银行结算账户：使用支票、信用卡等信用支付工具的；办理汇兑、定期借记、定期贷记、借记卡等结算业务的。自然人可根据需要申请开立个人银行结算账户，也可以在已开立的储蓄账户中选择并向开户银行申请确认为个人银行结算账户。

个人银行结算账户用于办理个人转账收付和现金存取。下列款项可以转入个人银行结算账户：工资、奖金收入，稿费、演出费等劳务收入，债券、期货、信托等投资的本金和收益，个人债权或产权转让收益，个人贷款转存，证券交易结算资金和期货交易保证金，继承、赠与款项，保险理赔、保费退还等款项，纳税退还，农、副、矿产品销售收入，其他合法款项。

（2）单位银行结算账户是存款人以单位名称开立的银行结算账户，按用途分为基本存款账户、一般存款账户、专用存款账户、临时存款账户。个体工商户凭营业执照以字号或经营者姓名开立的银行结算账户，纳入单位银行结算账户管理。

单位应在注册地或住所地开立银行结算账户。符合规定的可以在异地（跨省、市、县）开立银行结算账户。单位开立基本存款账户、临时存款账户和专用存款账户，实行核准制度，经中国人民银行核准后由开户银行核发开户登记证。单位银行结算账户的存款人只能在银行开立一个基本存款账户。

2019 年 2 月发布的《中国人民银行关于取消企业银行账户许可有关事宜的决定》指出，境内依法设立的企业法人、非法人企业、个体工商户（以下统称企业）在银行办理基本存款账户、临时存款账户业务（含企业在取消账户许可前已开立基本存款账户、临时存款账户的变更和撤销业务），由核准制改为备案制，人民银行不再核发开户许可证。

　　3. 银行账户功能分类管理

　　2015 年 12 月 25 日，人民银行发布《中国人民银行关于改进个人银行账户服务　加强账户管理的通知》，提出银行应建立银行账户分类管理机制，将个人银行账户种类划分为Ⅰ类银行账户、Ⅱ类银行账户和Ⅲ类银行账户。同时规定了账户功能升级制度：对于Ⅱ类户，银行可按规定对存款人身份信息进行进一步核验后，将其转为Ⅰ类户；对于Ⅲ类户，银行可按规定对存款人身份信息进行进一步核验后，将其转为Ⅰ类户或Ⅱ类户。

　　2016 年 11 月 25 日，人民银行发布《中国人民银行关于落实个人银行账户分类管理制度的通知》，详细规定了Ⅱ类个人银行账户、Ⅲ类个人银行账户的使用限制、开户与撤销，并提出建立健全绑定账户信息验证机制。

　　2018 年 1 月 12 日，人民银行发布《中国人民银行关于改进个人银行账户分类管理有关事项的通知》，从开户、资金转入转出及限额等方面，都做了很多优化和改进。例如，同一银行法人为同一个人开立Ⅱ类户、Ⅲ类户的数量原则上分别不得超过 5 个；进一步明确了网络支付账户、个人银行账户的市场定位（见表 4－1）。

表 4－1　　　　　　　　　　　银行账户类型

账户类型	开户方式	功能							限额
		存款	转账	理财	消费	缴费	现金存取	实体卡片	
Ⅰ类（全功能账户）	柜面；自助机具＋面核	√	√	√	√	√	√	√	无
Ⅱ类（直销银行账户）	柜面；自助机具；电子渠道	√	√	√	√	√	×	×	有
Ⅲ类（小额支付账户）	柜面；自助机具；电子渠道	×	×	×	√	√	×	×	有

知识拓展及思政项目：不得非法出租、出借、出售银行卡（账户）、电话卡

　　2020 年 10 月 10 日，国务院召开打击治理电信网络新型违法犯罪工作部际联席会议，在全国范围内开展"断卡"行动。主要涉及两种卡：（1）手机卡：既包括日常所用的三大运营商的手机卡，也包括虚拟运营商的电话卡，同时还包括物联网卡。（2）银行卡：既包括个人银行卡，也包括对公账户及结算卡，同时还包括非银行支付机构账户，即平时所说的微信、支付宝等第三方支付。

　　凡是经公安机关认定的出租、出借、出售、购买个人银行账户（含银行卡）或者支付账户（含企业对公账户）的单位或个人及相关组织者，以及假冒他人身份或者虚构代理关系开立银行账户或者支付账户的单位或个人，公安机关将联合人民银行对相关人员实施惩戒措施。被惩戒相关单位和个人，5 年内暂停其开立的银行非柜面业务以及支付账户的所有业务（不能用网银、手机银行转账，不能刷卡购物，不能通过购物网站快捷支付），不得新开立账户。惩戒期满后，对上述单位和个人办理新开立账户业务的，银

行和支付机构将加大审核力度。

凡是利用电话、发送短信、互联网等电信技术手段实施诈骗的自然人和法人，或为诈骗分子实施诈骗提供拨打电话、发送短信、互联网等电信技术手段或通信工具支持（含出租、出借、出售电话卡行为）的自然人和法人，经公安机关认定将列为"电信网络诈骗不良通信用户"，并联合通信管理部门对其实施惩戒。被惩戒相关单位和个人，对其名下所有手机号码、固话号码、无线上网卡和物联网卡等通信业务一律先行全部关停，被关停后未经公安机关许可不得恢复，5年内不得为其办理通信产品新入网业务，并将其个人或单位信息向社会公布。

另外，非法买卖个人银行账户或企业对公账户以及被列为电信网络诈骗不良通信用户的，除受到上述惩戒外，还可能涉嫌《中华人民共和国刑法》规定的帮助信息网络犯罪活动罪，妨害信用卡管理罪，买卖国家机关公文、证件、印章罪，掩饰、隐瞒犯罪所得、犯罪所得收益罪，甚至构成诈骗罪。

知识点5　银行支付结算之一：银行票据

【教学目的】
1. 了解银行票据的起源和发展历程；
2. 理解银行票据的性质；
3. 理解票据行为的意义；
4. 重点掌握银行汇票、本票、支票的结算流程。

一、票据简史

（一）票据发展简史

早在罗马帝国时代，就产生了票据的雏形。当时的"自笔证书"与现代的票据很相似。自笔证书由债务人做成后交债权人持有，债权人请求给付时，必先提示证书，当其获得付款时，须将证书返还债务人。

现代票据制度起源于欧洲，最早出现在 12 世纪的意大利的商事交易中。当时，地中海沿岸各城邦商事发达，贸易繁荣，各城邦之间频繁的贸易活动刺激了货币的使用需求。但在封建割据下，各地货币种类不一，交通运输不便，异地输送金属货币难度大、风险高。于是一些商人就开始从事货币兑换和汇款业务：货币兑换商在某地收受商人现金后，给予目的地付款的凭证，商人以此凭证请求货币兑换商在目的地的分支机构支付现金。这种凭证是现代本票的雏形，为异地经营的商人提供了便利，避免了大量金钱输送所产生的技术与安全问题。

12 世纪中期后，汇兑商的业务逐渐成熟。为了扩大其经营范围，商人们总结经验而创制了委托付款证书：由一个汇兑商签发委托付款证书，委托其他商人在见票时向商人支付现金，并把该证书交给商人；商人持证书到异地，不管发证的兑换商在目的地是否有分支机构，都可以凭借该证书到接受委托的兑换商处请求支付现金。这类证书的流通，不仅依赖于汇兑商的信用，还有赖于不同兑换商之间的委托关系，体现了比早期本票更强的信用特征，是现代汇票的起源。

到了 15 世纪，商品贸易更加繁荣，交易更加频繁，商人在市场上交易时，开始以票据代替货币来进行支付。在票据大量使用的情况下，兑换商承担了重要的角色，他们为商人进行票据金额的换算或兑换，促进了票据的交换和流通，也相应地产生了承兑、保证、拒绝证书等票据规则。票据发展到 16 世纪，人们开始意识到并重视它的流通功能，出现了票据的背书规则，票据成为可以转让的流通证券。票据的流通，使票据功能从先前的汇兑作用发展到信用作用，票据的性质也产生了根本变化：它不再只是一种金钱输送和兑换的工具，更是一种信用工具，如此一来，票据就从单纯的贸易领域走向了更为广阔与复杂的金融领域。

支票的发展晚于本票和汇票，它在17世纪中期传入英国，在英国民间得到广泛使用。当时的富商将巨额款项存入金钱买卖业的金银佃工商人处，收款的金银佃工商人向富商签发收据。该收据为见票即付的无记名证券，富商凭收据向商人取款。后来，收款的金银佃工商人在收到存款时，向存款人交付存折，内附数张空白的提款凭证。存款人可以在提款凭证上作必要的填写，然后凭此向收受存款的商人请求支付。现代支票就是从这种提款凭证发展而来，在19世纪中期开始从英国传入欧洲其他国家，现在已经被世界各国广泛使用。

（二）我国票据发展历程

1981年，在杨浦和黄浦两个区办事处的协作下，人民银行试办了第一笔同城商业承兑汇票贴现。此后，多地人民银行分支机构加入票据业务试点。

1995年，《中华人民共和国票据法》出台，开启了我国票据发展史上规范发展与制度化建设的新阶段。此后，人民银行颁布了《票据管理实施办法》《支付结算办法》《商业汇票承兑、贴现与再贴现管理暂行办法》等一系列制度。

2000年，中国工商银行票据营业部正式成立，标志着我国票据市场迈入了商业银行票据专营的新时代，票据市场经营模式开始向集约化方向转型。

2003年，"中国票据网"上线，为金融机构之间的票据转贴现和回购业务提供报价、撮合、查询等服务，解决了票据市场信息传递不畅的问题，提高了市场信息的时效性。

2005年起，部分商业银行推出了基于行内系统的电子票据产品，针对客户的实际情况，量身定制个性化的票据服务模式和票据产品，票据服务实体经济的能力进一步提升，票据融资已成为重要的短期融资渠道。

2009年10月28日，中国人民银行电子商业汇票系统（ECDS）正式建成运行，我国票据市场由此迈入电子化时代，步入了快速发展阶段。这一时期市场呈现出票据业务快速增长，票据创新活力不断，票据理财、资管等业务应运而生，票据投资功能开始出现。商业银行开始提高票据资产配置比重，票据交易十分活跃，回购业务量迅速增长，票据的交易功能逐步显现。

2016年，上海票据交易所成立，票据市场基础设施建成。票交所的成立推动了业务、系统体系建设，加快了业务产品的创新步伐；票付通、贴现通、标准化票据等产品的相继问世，缓解了中小银行以及中小企业的融资困境；票据市场风险防控水平大幅提升，票据的功能作用进一步得到发挥。

2018年，电子商业汇票系统正式移交上海票交所。票交所发布创新产品票付通及国内首条票据收益率曲线。

2019年5月，票交所贴现通业务成功投产上线，票交所正式进入票据贴现环节。

纵观中国票据发展史，票据的发展呈现出与经济、信用、金融相适应的特征。随着市场经济、金融体系的发展与完善，票据的汇兑、支付、结算、融资、投资、交易、调控等功能不断被挖掘并发挥，票据的全生命周期作用逐步显现，服务实体经济的能力逐渐增强。

二、票据的法律属性

广义上的票据包括各种有价证券和凭证，如股票、企业债券、发票、提单等。狭义上的票据，即我国《票据法》中规定的票据，包括汇票、银行本票和支票，是指由出票人签发的、约定自己或者委托付款人在见票时或指定的日期向收款人或持票人无条件支付一定金额的有价证券。

银行票据具有独特的法律属性：

（1）票据是设权证券。证券权利因作成证券而创设。

（2）票据是债权证券。票据权利人对票据义务人可行使付款请求权和追索权。

（3）票据是金钱证券。票据以一定的金钱为交付标的。

（4）票据是流通证券。票据通过背书或交付而转让，在市场上自由流通。

（5）票据是无因证券。票据权利的成立，不必以债权人与债务人的原因关系的成立为前提。

（6）票据是文义证券。票据上所创设的权利和义务，均依票据上记载的文字内容来确定。

（7）票据是要式证券。票据必须依法定形式制作才能具有法律效力。

（8）票据是占有证券。任何人欲主张票据权利，就必须实际占有票据。

（9）票据是提示证券。票据权利人请求付款或行使追索权时，必须向义务人提示票据。

（10）票据是返还证券。票据权利人在实现票据权利后，必须将票据返还给义务人。

三、票据当事人

票据当事人，也称票据法律关系主体，是指票据法律关系中享有票据权利、承担票据义务的主体。票据当事人可以分为基本当事人和非基本当事人。

（一）基本当事人

基本当事人，是指在票据作成和交付时就已存在的当事人，是构成票据法律关系的必要主体，包括出票人、付款人和收款人三种。在汇票及支票中有出票人、付款人与收款人，在本票中有出票人与收款人。基本当事人不存在或不完全，票据上的法律关系就不能成立，票据就无效。

1. 出票人

出票人是指依法定方式签发票据并将票据交付给收款人的人。根据票据种类的不同，出票人的法律地位也有所不同。

商业汇票的出票人为银行以外的企业和其他组织；向银行申请办理汇票承兑的商业汇票的出票人，必须在承兑银行开立存款账户，资信状况良好，并具有支付汇票金额的可靠资金来源。

承兑商业汇票的银行，必须与出票人具有真实的委托付款关系，必须具有支付汇票金额的可靠资金。

支票的出票人，为在经中国人民银行批准办理支票存款业务的银行、城市信用合作社和农村信用合作社开立支票存款账户的企业、其他组织和个人。

2. 收款人

收款人是指票据到期后有权收取票据所载金额的人，又称票据权利人。债权人的票据权利可以转让，如通过背书，将票据转让给他人，或者通过贴现，将票据转让给银行。

3. 付款人

付款人是指由出票人委托付款或自行承担付款责任的人。付款人付款后，票据上的一切债务责任解除。

汇票的付款人有两种：商业承兑汇票的付款人是合同中应给付款项的一方当事人，也是该汇票的承兑人；银行承兑汇票的付款人是承兑银行，但是其款项来源还是与该票据有关的合同中应付款方的存款；支票的付款人是出票人的开户银行；本票的付款人就是出票人。

（二）非基本当事人

非基本当事人是指在票据作成并交付后，通过一定的票据行为加入票据关系而享有一定权利、承担一定义务的当事人，包括承兑人、背书人、被背书人、保证人等。

1. 承兑人

承兑人是指接受汇票出票人的付款委托，同意承担支付票款义务的人，它是汇票的主债务人。

2. 背书人与被背书人

背书人是指在转让票据时，在票据背面或粘单上签字或盖章的当事人（称为前手），并将该票据交付给受让人的票据收款人或持有人。

被背书人是指被记名受让票据或接受票据转让的人。背书后，被背书人成为票据新的持有人（称为后手），享有票据的所有权利。但是，在票据得到最终付款前，在持票人之前的所有前手不能终结其第一或第二债务人的义务。

3. 保证人

保证人是指为票据债务提供担保的人，由票据债务人以外的第三人担当。保证人在被保证人不能履行票据付款责任时，以自己的金钱履行票据付款义务，然后取得持票人的权利，向票据债务人追索。

保证人应当依据《票据法》的规定，在票据或者其粘单上记载保证事项。保证人为出票人、付款人、承兑人保证的，应当在票据的正面记载保证事项；保证人为背书人保证的，应当在票据的背面或者其粘单上记载保证事项。

四、票据行为

票据行为是以票据权利义务的设立及变更为目的的法律行为，包括票据的出票、背书、承兑、保证、追索、贴现、付款等行为。

（一）出票

出票是指出票人依照法定款式作成票据并交付于收款人的行为。它包括作成和交付两种行为。所谓作成，就是出票人按照法定款式制作票据，在票据上记载法定内容并签名。由于现在各种票据都由一定机关印制，因而所谓作成只是填写有关内容和签名而已。所谓交付，是指根据出票人本人的意愿将其交给收款人的行为，不是出于出票人本人意愿的行为，如偷窃票据，不能称作交付，因而也不能称作出票行为。

（二）背书

背书是指持票人转让票据权利与他人。票据的特点在于其流通。票据转让的主要方法是背书，当然除此之外还有单纯交付。背书转让是持票人的票据行为，只有持票人才能进行票据的背书。背书是转让票据权利的行为，票据一经背书转让，票据上的权利也随之转让给被背书人。

（三）承兑

承兑是指汇票的付款人承诺负担票据债务的行为。承兑为汇票所独有。汇票的发票人和付款人之间是一种委托关系，发票人签发汇票，并不等于付款人就一定付款，持票人为确定汇票到期时能得到付款，在汇票到期前向付款人进行承兑提示。如果付款人签字承兑，那么他就对汇票的到期付款承担责任，否则持票人有权对其提起诉讼。

（四）保证

保证是指除票据债务人以外的人为担保票据债务的履行、以负担同一内容的票据债务为目的的一种附属票据行为。票据保证的目的是担保其他票据债务的履行，适用于汇票和本票，不适用于支票。

（五）追索

追索是指汇票到期被拒绝付款或其他法定原因出现时，持票人获得请求其前手偿还汇票金额及有关损失和费用的权利。追索权是在票据权利人的付款请求权得不到满足时，法律赋予持票人对票据债务人进行追偿的权利。这是为弥补付款请求权的局限性，加强对持票人票据权利的保护而采取的一种制度。

（六）贴现

贴现是指远期汇票持有人在汇票尚未到期前在贴现市场上转让，受让人扣除贴现息后将票款付给出让人的行为。

（七）付款

付款是指付款人在票据到期日，向提示票据的合法持票人足额付款。持票人将票据交给付款人作为收款证明。票据所代表的债务债权关系即告终止。

在具体操作时，票据行为表现为票据当事人把行为的意思按照法定的方式记载在票据上，并由行为人签章后将票据交付。它包括三方面内容，即记载、签章和交付。

所谓记载，通俗地讲就是票据当事人在票据上写明所要记载的内容，如签发票据时应写明票据的种类、金额、无条件支付命令、签发票据日期以及其他需要明确的内容，承兑汇票时写上"承兑"字样，保证时应写上"保证"或"担保"字样。

所谓签章，是指签名、盖章或签名加盖章，它表明行为人对其行为承担责任。自然人签章是指在票据上亲自书写其姓名或加盖其私章。法人和其他使用票据单位的签章为该法人或者该单位的盖章加其法定代表人或其授权的代理人的签章。按照《票据法》规定，在票据上的签名应当为该当事人的本名，而不能用笔名、艺名等来代替。

所谓交付，是指票据行为人应将票据交付给执票人。票据行为人在票据上进行记载并签章后，票据还不能发生法律效力，只有票据被交付给了对方，票据才能发生法律效力。

五、银行票据结算的基本类型

商业银行用于结算的票据主要有本票、汇票、支票三种。

（一）本票

1. 本票的含义

本票是出票人签发的，承诺自己在见票时无条件支付确定的金额给收款人或者持票人的票据。

2. 本票的种类

第一，根据收款人不同可分为记名式本票、不记名式本票。记名式本票是指发票人载明收款人或公司名称的本票。不记名式本票是指发票人并未载明收款人姓名或公司名称的本票。

第二，根据发票人的不同可分为商业本票和银行本票。商业本票是指以经济主体为付款人而发出的本票。银行本票是指以银行为付款人而发出的本票。

第三，根据本票利息的有无可分为无息本票和有息本票。无息本票是指发票人对票面金额不记载利息的本票，如银行所发的即期本票。有息本票是指记有利息与利率的本票，如商人或公司所发的定期本票。

第四，根据本票的付款日不同可分为即期本票和远期本票。即期本票是指付款人必须见票即付的本票。远期本票是指非即期即付的本票。

3. 银行本票的基本规定

银行本票结算一般有以下基本规定：首先，银行本票有定额和不定额之分。不定额本票金额起点为100元，由经办银行签发和兑付。定额本票的面额有1000元、5000元、10000元和50000元，由人民银行发行，各银行代办签发和兑付。其次，银行本票一律记名，允许背书转让。最后，银行本票的提示付款期限不得超过两个月。逾期的本票兑付银行可不予受理。

4. 银行本票结算业务的操作流程（见图5-1）

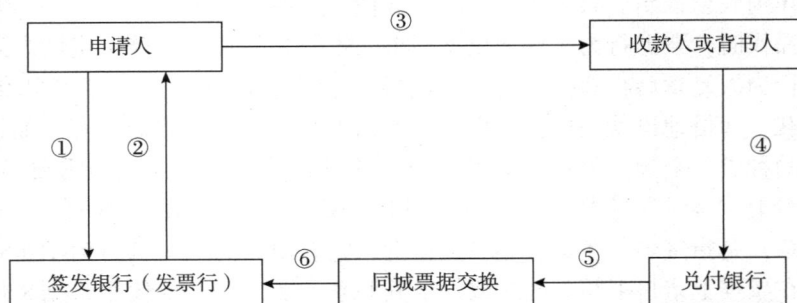

注：①申请签发本票；②收妥款项签发本票；③将本票交收款人；④兑付本票；⑤将本票提出交换；⑥本票提入办理转账。

图5-1 银行本票结算业务流程

（二）汇票

1. 汇票的含义

汇票是出票人签发的，委托付款人在见票时或者在指定日期无条件支付确定的金额给收款人或者持票人的票据。汇票是委托付款人付款的信用证券，它经收款人背书以后可以转让，进入市场流通，其流通能力的大小依赖于关系人的信用程度。

2. 汇票的种类

第一，根据汇票发票人的不同可分为商业汇票和银行汇票。商业汇票是指由个人或公司签发的，委托付款人在指定日期无条件支付确定金额给收款人或持票人的汇票。银行汇票是指由银行签发的，由其在见票时按实际结算金额无条件支付给收款人或持票人一定金额的汇票。

第二，根据汇票收款人的不同可分为记名式汇票、不记名式汇票、记名或来人汇票等。记名式汇票是指发票人载明收款人姓名或公司名称，记名式汇票的收款人是确定的，若非指定的收款人，付款人可以拒绝支付。不记名式汇票是指发票人并未记载收款人姓名或公司名称，这种汇款以执票人为收款人。记名或来人汇票是指发票人载明某人或其指定人为收款人的汇票。这种汇票，表面上介于记名式和不记名式之间，实则与不记名式相同。

第三，根据汇票付款期限的不同可划分即期汇票和远期汇票。即期汇票是指付款人见票即须支付，称为即期汇票。这种汇票，收款人一经要求，付款人即须照付。远期汇票是指票据上载明一定期限，到期时，付款人即须支付的汇票，也称为定期汇票。又可细分为三种，即定日汇票、发票后定期汇票、见票后定期汇票。

第四，根据汇票承兑人的不同可分为商业承兑汇票和银行承兑汇票。商业承兑汇票是指卖方将货物送交货主时，另附卖方签发的汇票一张，送交买方签名承兑后，卖方将此票据收回。银行承兑汇票是指以银行为承兑人的商业汇票。

3. 银行汇票的基本规定与结算流程

（1）银行汇票的基本规定

①银行汇票的签发与支付，全国范围仅限于中国人民银行和参加全国联行往来的银行机构办理。②银行汇票一律记名，汇票的金额起点为 500 元。③银行汇票的付款期限为 1 个月（无大小月之分，统统按次月对日计算，到期日遇节假日顺延），逾期的汇款兑付银行可不予受理。④签发银行汇票必须记载下列事项：标明"银行汇票"字样、无条件支付的承诺、出票金额、付款人名称、收款人名称、出票日期、出票人签章。欠缺记载上列事项之一的银行汇票无效。⑤银行汇票未填明实际结算金额和多余金额或实际结算金额超过出票金额的，银行不予受理。银行汇票的实际结算金额不得更改，更改实际结算金额的银行汇票无效。

（2）银行汇票结算业务的操作流程（见图 5-2）

（三）支票

1. 支票的含义

支票是指出票人签发的，委托办理支票存款业务的银行在见票时无条件支付确定金额给收款人或持票人的票据。

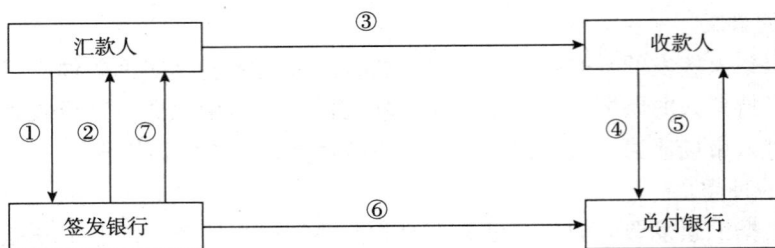

注：①交存款项委托付款；②银行签发汇票；③持票异地采购付款；④送交汇票委托收款；⑤办理转账或付现金；⑥划借方报单索汇并退回余款；⑦通知汇票余款收款。

图5-2　银行汇票结算业务流程

2. 支票的种类

支票大致上可以分为现金支票、转账支票、记名支票、不记名支票、保付支票、划线支票和旅行支票等。

（1）现金支票是指存款人用于向银行提取现金或支付给单位或个人现金的一种票据。

（2）转账支票是指存款人用来通过银行办理转账结算的一种票据。转账支票不能向银行提取现金。

（3）记名支票是指记载收款人姓名或公司名称，并将支票人"或来人"字样划去的支票。

（4）不记名支票是指不记载收款人姓名或公司名称的支票，又称为来人支票。

（5）保付支票是指付款银行应发票人或收款人的请求，在支票上载明"保付"或"照付"字样的支票。

（6）划线支票是指发票人、背书人或执票人在支票正面划两道平行线的支票。签发划线支票主要是为了防止冒领。客户的不记名支票或来人支票一旦遗失，必须立即通知银行，停止付款。

（7）旅行支票是指银行为便利旅行者支取存款，在旅行者缴存一定金额后发给一种支票，旅行者可凭此在事先约定的其他城市向该银行的分行或联行提取现款，这种方式使用的支票称为旅行支票。

3. 银行支票的基本规定与结算流程

（1）银行支票的基本规定

①支票的出票人是指在经中国人民银行当地分支行批准办理支票业务的银行机构开立可以使用的存款账户的单位和个人。②签发支票必须记载下列事项：标明"支票"字样、无条件支付的委托、确定的金额、付款人名称、出票日期、出票人签章。欠缺记载上列事项之一的支票无效。③支票提示付款期限自出票起10日，超过期限银行不予受理，付款人不予付款。④出票人签发的空头支票、签章与预留银行的签章不符的支票，银行应予退票，并按票面金额处以5%但不低于1000元的罚款。

（2）银行支票结算业务的操作流程（见图 5 - 3）

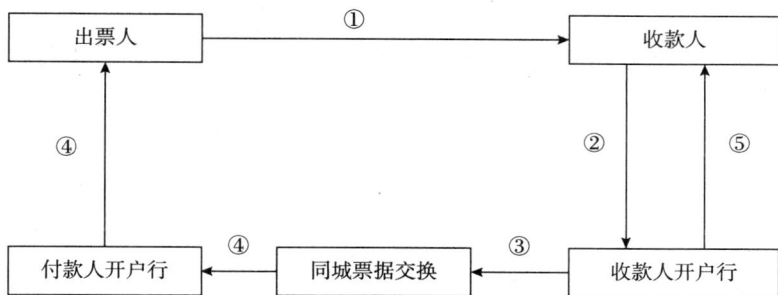

注：①签发支票；②送交支票；③将支票提出交换；④将支票提入办理转账或收取罚金；⑤收妥入账或退票。

图 5 - 3　银行支票结算业务流程

知识拓展及思政项目：不得签发空头支票

空头支票，是指出票人在付款人处实有的存款不足以支付票据金额的支票。另外，与预留银行签章不符的支票，也被视为空头支票。签发空头支票是违法行为，出票人在出票时应该确认自己的账户中有相应的款额，否则需要承担相应责任。

对于签发空头支票，不以骗取财物为目的的，持票人还有权要求出票人赔偿支票票面金额 2% 的赔偿金；出票人将被处以支票票面金额 5% 但不低于 1000 元的罚款；对屡次签发的，银行应停止其签发支票。

对于签发空头支票，以骗取财物为目的的，出票人还将被追究刑事责任。我国《刑法》第一百九十四条规定：签发空头支票或者与其预留印鉴不符的支票骗取财物构成犯罪，数额较大的，处 5 年以下有期徒刑或者拘役，并处 2 万元以上 20 万元以下罚金；数额巨大或者有其他严重情节的，处 5 年以上 10 年以下有期徒刑，并处 5 万元以上 50 万元以下罚金；数额特别巨大或者有其他特别严重情节的，处 10 年以上有期徒刑或者无期徒刑，并处 5 万元以上 50 万元以下罚金或者没收财产。

知识点6　银行支付结算之二：银行卡与条码支付

【教学目的】
1. 了解银行卡的发展历程以及银行卡技术的演变；
2. 了解银行卡的结算流程；
3. 重点熟悉银行的银行卡发行业务与收单业务；
4. 重点熟悉当前市场流行的条码支付。

一、银行卡简史

首先要澄清银行卡与信用卡的区分。我们一般所说的现代银行卡，包括两种基本功能：作为银行账户服务介质的银行卡和作为银行支付结算工具的银行卡；其业务包括信用卡和借记卡，两者的区别在于，前者具有透支功能，并且设置了一定的免息期限，而后者没有透支功能。

早期的信用卡是由一般商业企业的消费信用功能发展而来的，然后银行也开始发展信用消费业务，再接着不断发展信用卡技术，特别是磁条技术和芯片技术，逐步发展出现代的银行卡。因此，在早期，关于信用卡与银行卡的区别，的确存在模糊不清的地方，反映在我国早期关于银行卡的规范中，也出现了信用卡和银行卡概念的互用。因此，关于银行卡的发展，我们要从早期的信用卡说起，并且要区分作为银行账户服务介质的银行卡和作为银行支付结算工具的银行卡。本知识点里主要讨论作为银行支付结算工具的银行卡。

（一）早期的商业会员卡

其实在很早之前，就出现了一种交易行为，即赊购，或者说是记账消费、集中付款。显然，这种交易对于商家来说，也存在一定的风险，因而并没有作为一种商业模式得到大量运用，而只局限在一定的客户圈子里，并且不是作为常规交易方式，而只是"紧急"的措施。

这种记账消费作为一种商业模式，应该说是从美国开始的。先从一个故事说起：1949年，美国商人纳马拉在纽约一家饭店招待客人用餐，结账的时候他翻遍了衣服所有的口袋也没找到皮夹，这才想起来，钱包忘在昨天穿的衣服口袋里了。他尴尬万分，无奈之下，只有给妻子打电话，让她赶紧送钱过来。有了这次尴尬的经历，纳马拉琢磨着，如果有一种东西能够随身带在身上，付款的时候还能不使用现金，那就方便多了。于是他就联合另外两个朋友一起投资1万美元，成立了一家大来俱乐部（Diners' Club）。

这个俱乐部的凭证就是一张会员卡，拿着它可以在不同的餐厅直接签账。这张卡就是近代信用卡的起源，它其实不是银行发明的，而是一群食客发明的。消费者在消费的时候，大来俱乐部先行给各大餐厅垫资，于是就衍生出了信用卡先消费、后付款的商业模式。这就是大来信用卡公司的前身，并发行了第一张以塑料制成的信用卡——大来卡。

1958 年，美国运通发行了自己的第一张信用卡，《美国运通——强大金融帝国的创造者》一书描述了这一历程。跟白手起家的大来俱乐部不同，美国运通 1850 年在纽约布法罗市做快递业务起家，1958 年已经是百年老店，其声誉在世界各地都被认可。美国运通对外虽然是旅行社，同时承担托运等业务，但实际赚钱的业务是旅行支票。信用卡业务对旅行支票业务的巨大冲击——毕竟旅行支票是先收到钱，浮存在账上，再逐渐偿还，这个过程中运通投资部门可以用浮存的现金做很多投资来换取高收益，而信用卡的顺序变了，要先垫付给商户再向客户收钱。这更能受到客户的欢迎。

在此阶段，这类卡片可以用于记账消费，具有信用消费的功能。发展到今天，市场中大量出现的商业会员卡，随着电子技术的发展，发展出了储值的功能，也即预付功能，因此又叫会员储值卡。

（二）银行发行信用卡

1958 年，加州的美国银行（Bank of America）决定借鉴大来俱乐部的经验，发行自己的会员卡。相比于大来卡和早期的运通卡（要求会员消费者当月必须结清所有欠款），美国银行卡（BankAmericard）的最大创新就是设计出了具有循环信贷性能的信用卡方案：允许会员消费者推迟还款，可以日后再还，但必须支付高额利息。这种设计让会员卡变成了有利可图的小额高息贷款业务，成了美国银行第一张信用卡。

（三）信用卡联盟

1966 年，美国银行为了将信用卡业务扩展到全国，决定成立一个联盟，加入的银行都能发行美国银行卡，并且发展商户，每个月跟美国银行结算，这样就实现了跨行消费。不管何地，消费者只要看到贴着"BankAmericard"标志的商店，就可以进去刷卡消费。

由此带来的问题是，一家银行的持卡人在另一家银行的商户刷卡，这家银行并不了解该持卡人的实际状况，但需要为他垫款，这是有风险的。另外，不同银行之间的互相结算越来越复杂，效率急剧下降。

1968 年 10 月，美国银行召集所有成员行，讨论怎么解决上面的问题。最后决定成立一家独立的公司，专门负责银行间的信用卡业务。所有成员行发行的都是该公司的卡，且只与该公司进行结算，但每家银行可以用自己的名义发展持卡人和商家。这家信用卡公司最初叫美国银行卡公司（National BankAmericard Inc.），1976 年改名为维萨（VISA），这就是 VISA 卡的来历。

此后，许多银行加入了发卡银行的行列。到了 20 世纪 60 年代，信用卡很快受到社会各界的普遍欢迎，并得到迅速发展，不仅在美国，而且在英国、日本、加拿大以及欧洲各国也盛行起来。从 20 世纪 70 年代开始，新加坡、马来西亚、中国香港、中国台湾等发展中国家和地区，也开始发展信用卡业务。

二、银行卡技术的演进

在信用卡发展过程中，一方面，会面临一定的风险，如伪卡、消费者违约等，因此不断发展出一些风险控制技术。另一方面，信用卡业务数量的剧增及其小额、频繁的消费信贷功能，决定了要批量作业、规模化运营才能盈利，需要更高效的业务处理技术。IBM 计算机在 20 世纪 60 年代投入商业市场，信用卡是最早利用信息技术的产业。

（一）特殊卡片技术

利用当时的材料和机械技术，制作成特殊的卡片。（1）信用卡区别于纸质的票据，采取特殊塑料卡片的形式，凸印卡号和客户姓名，客户到商户处使用卡时，需要在压卡机上压一下，以将卡号和客户姓名拓印到压卡机的碳纸上，作为交易记录和凭证到银行进行入账处理。（2）不断增加规范信用卡面上的信息，设置签名条，在卡片上印制照片（使用时要与客户身份证上的照片一致）。（3）顾客在商户处使用信用卡时，商户需要认真核对客户的信息，并且确认持卡人卡片的有效性。（4）在商户处都建立了黑名单制度，要求卡在有效期内，未列入止付名单。这一时期称为压卡时代。

（二）磁条卡

磁卡技术是一门集计算机、光电、机电、磁力学于一体的综合性技术，是一种重要的自动识别技术。磁卡作为该技术的载体，是指带有磁条的卡片，磁条就是一种棕色磁性材料带。在磁条上可以通过读写设备记录信息，这些信息可以由磁卡阅读设备读取。在实际应用中，用户只要轻轻一划，便可读出数据，方便快捷，一目了然。磁卡在应用中，具有以下优点：保密性好，不易伪造；可随时存取信息，简单方便，成本不高，易被用户接受；防水、防油污、防灰尘，非常耐用；万一丢失，只要及时挂失，用户就不会受到损失。

20 世纪 60 年代后期，磁卡技术一经出现，就应用到银行信用卡业务上来，大大促进了信用卡的发展。客户使用信用卡时，在商户的 POS 卡槽中刷一下，即可完成交易记录。这个时期称为刷卡时代。

（三）芯片卡

磁条技术仍相对落后，磁条信息易被复制。使用磁条信息盗录装置可复制银行卡磁条信息，使持卡人卡内资金存在被盗刷的风险。

芯片卡则是在卡片正面嵌入了一小块金色的智能芯片。这块芯片实现了硬件升级，完善的密钥体系、脱机认证、联机双向认证等，更是保障了卡片的防伪性及交易的安全性。芯片卡因为在芯片里嵌入了一个证书，每个交易都要通过这个证书才能完成，大大提高了卡被复制、盗刷的难度，从而提高了用卡安全性。采取 IC 芯片技术，芯片保存客户信息，采取非接触式感应技术读取识别信息，完成交易。这个时期称为挥卡时代。

磁条技术、芯片技术在信用卡上的应用，大大增强了信用卡的业务效率。但是我们也要看到，这类电子信息技术的发展彻底改变了银行账户服务的形式，即从传统的纸质账户发展到银行卡账户、电子账户，也即发展出了银行卡业务中的借记卡。借记卡不仅可以作为银行账户的介质，也可以开展与信用卡同样的支付业务，从而对信用卡业务带来巨大的冲击。借记卡在很大程度上不仅取代了支票业务，而且在很大程度上取代了信用卡业务。

技术发展推动了信用卡的发展，同时也对其带来了挑战。作为消费信贷功能的信用卡业务可能一直还会存在，但信用卡的表现形式则彻底改变了。

（四）条码技术

2011 年 7 月 1 日，第三方支付平台支付宝在 2011 广州网货会上宣布推出全新的手机支付产品：条码支付（Barcode Pay）。该方案旨在为数以百万计的微型商户提供无须额外设备的低成本收款服务，只需一部智能手机。这是全球第一个条码支付产品，也是支付宝首次通过在线支付技术进入线下市场，实现了"现场购物、手机支付"。

条码支付通过扫描用户手机上的条形码或二维码即可向用户发起收银，为线下实体商户提供了一种快捷的现场支付解决方案。这就是现在所说的无卡时代。

三、银行卡结算的流程

（一）银行卡结算涉及的主体

1. 持卡人及潜在持卡人。其在银行卡市场中处于中心地位，是产生购买银行卡产品及其衍生产品需求的市场基础，是银行卡的领用者和金融机构、特约商户及银行卡组织利益的创造者，是市场营销的主要对象。

2. 特约商户，是指与收单机构签有商户协议，受理银行卡的零售商、个人、公司或其他组织。

3. 发卡机构，发卡机构向持卡人发行各种银行卡，并通过提供各类相关的银行卡服务收取一定费用。它是银行卡市场的发起者和组织者，是银行卡市场的卖方。

4. 收单机构，负责特约商户的开拓与管理、授权请求、账单结算等活动，其利益主要来源于特约商户交易手续费的分成、服务费。

5. 银行卡组织，其关键职能在于建立、维护和扩大跨行信息交换网络，通过建立公共信息网络和统一的操作平台，向成员机构提供信息交换、清算和结算、统一授权、品牌营销服务，协助成员机构进行风险控制及反欺诈等。

6. 第三方服务供应商，包括除银行卡组织以外的信息交换和转接业务机构、第三方金融服务公司、支付处理支援商等。

（二）银行卡结算的流程

1. 持卡人申请发卡；

2. 持卡人持卡于签约商户消费；

3. 签约客户授权收单机构、国际卡组织/国内清算中心/授权转账中心、发卡银行；

4. 签约客户向收单机构请款；

5. 收单机构向国际卡组织/国内清算中心/授权转账中心请款；

6. 国际卡组织/国内清算中心/授权转账中心向发卡银行请款；

7. 发卡银行向国际卡组织/国内清算中心/授权转账中心、收单机构拨款；

8. 收单机构向签约客户付款；

9. 发卡银行向持卡人制作、邮寄月对账单；

10. 持卡人向发卡银行还款。

银行卡结算流程见图 6-1。

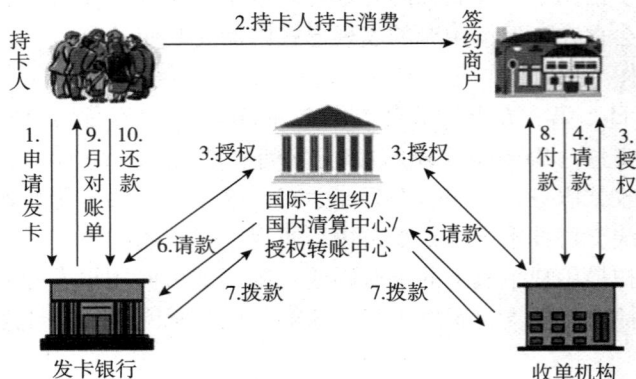

图 6-1 银行卡结算流程

四、银行卡发行业务

根据中国人民银行颁布的《银行卡业务管理办法》，银行卡是指由商业银行（含邮政金融机构）向社会发行的具有消费信用、转账结算、存取现金等全部或部分功能的信用支付工具。银行是银行卡发行的主体，根据客户的不同及其需求，银行设计了不同的银行卡。

（一）按发卡对象不同，可分为单位卡（商务卡）和个人卡

单位卡是由发卡银行向企事业、机关团体、部队院校等单位发行的银行卡，其使用对象为单位指定的人士。单位卡一般在卡正面的左下方有凸印的"DWK"字样。单位卡在境内只可以消费，不可以提取现金。

个人卡是由发卡行向公民发行的银行卡。

（二）按发卡行对申请人资信状况及还款能力等因素评价的不同，可分为金卡和普通卡

金卡：发卡行根据申请人的资信状况及还款能力等因素，经审查认为条件较好，给予申请人较高的信贷额度的信用卡。金卡的信贷额度一般高于普通卡。

普通卡：发卡行根据申请人的资信状况及还款能力等因素，经审查认为符合发卡条件，但未能达到金卡发卡标准时，给予申请人普通卡。普通卡的信贷额度低于金卡。

（三）按银行卡的使用范围，可分为国际卡和国内卡

国际卡可在全球任何一个国际信用卡组织或信用卡公司所属的收单银行或特约商户中使用。

国内卡只能在发卡银行所在国家使用。

（四）按银行卡的清算币种不同，可分为人民币卡、外币卡和双币种卡

人民币卡是指持卡人与发卡银行以人民币作为清算货币的银行卡，一般在境内使用。

外币卡是指持卡人与发卡银行以可自由兑换的外币作为清算货币的银行卡，可国际通用。

双币种卡是近年来产生和发展起来的新卡种，其清算货币有两种：当持卡人在境内使用时，用人民币清算；当持卡人在境外使用时，用可自由兑换的外币进行清算。

（五）　按持卡人的从属关系，可分为主卡和附属卡

个人卡的主卡持卡人可为其家人或朋友申领附属卡，单位卡的主卡持卡人也可为单位其他同事办理附属卡。办理附属卡的条件和可申领附属卡的张数由各发卡银行自行规定。附属卡的有效期限与主卡相同，其所有交易款项均计入主卡账户，主卡持卡人对其附属卡产生的交易负责。主卡持卡人有权要求注销或止付其附属卡。

（六）　按银行卡的功能能否提供信用透支，可分为信用卡和借记卡

信用卡是银行或其他财务机构签发给那些资信状况良好的用户，用于在指定商户购物和消费，或在指定银行机构存取现金的特制卡片，既是一种特殊的信用凭证，也是持卡人信誉的标志。信用卡是银行卡中出现最早、最重要的一个分类。

信用卡按是否向发卡银行交存备用金，又分为贷记卡和准贷记卡两种。

（1）贷记卡是指发卡银行给予持卡人一定的信用额度，持卡人可在信用额度内先消费后还款的银行卡，具有一定的免息还款期。持卡人在到期还款日前偿还所使用全部银行款项即可享受免息还款期待遇，无须支付非现金交易的利息。

（2）准贷记卡是指持卡人须先按发卡银行要求交存一定金额的备用金，当备用金账户余额不足支付时，可在发卡银行规定的信用额度内透支的信用卡。

借记卡是指先存款后消费（或取现）、没有透支功能的银行卡。

（七）　与商家合作发行，称为联名卡

联名卡不仅具有银行卡的一切特点——存取现金、刷卡消费、转账等，还具有商家的会员卡的功能，带有一定的商家折扣或者奖励，如"刷卡赚里程""刷卡换积分"等。

五、银行卡收单业务

银行卡收单业务，是指收单机构与特约商户签订银行卡受理协议，在特约商户按约定受理银行卡并与持卡人达成交易后，为特约商户提供交易资金结算服务并获取手续费收入的行为。

根据持卡人支付载体的不同，可分为线下收单及线上收单。

线下收单是为商户提供的具备银行卡信息读入装置生成银行卡交易指令要素的各类支付终端，包括 POS 终端、自助终端等类型，持卡人通过刷卡完成交易。

线上收单是中国银联在依托现有银行卡交易清算系统的基础上，建成了具有银联特色的无卡支付交易处理平台。持卡人通过互联网、移动互联网等介质，输入银行卡相关信息，从而完成交易。

六、银行卡组织（清算机构）

为了解决跨行交易的问题，规范银行卡标准，银行卡组织应运而生。它是通过建立和维护跨行信息交换网络，向会员单位提供支付信息交换和清算服务，并协助会员单位进行风险控制和反欺诈的机构。

当前，世界六大银行卡组织分别为维萨（VISA）、万事达（MasterCard）、运通（America Express）、日本 JCB（Japan Credit Bureau）、大来（Dinners Club）、中国银联。以下主要介绍中国银联。

2002 年 3 月，经国务院同意，中国人民银行批准，在合并 18 家银行卡信息交换中心的基础上，由中国印钞造币总公司、中国工商银行、中国农业银行、中国银行、中国建设银行和交通银行等 85 家机构共同出资成立中国银联股份有限公司，总部设在上海。中国银联主要负责建设和运营全国统一的银行卡跨行信息交换网络，提供银行卡跨行信息交换相关的专业化服务，管理和经营"银联"品牌，制定银行卡跨行交易业务规范和技术标准。

近年来，中国银联深入贯彻新发展理念，不断深化改革，加快创新发展，建立了包括银行卡、互联网支付、移动支付及各类创新支付工具在内的多层次、多元化产品体系。不断优化境内外受理网络，积极推动移动支付便民工程实施，加快推进国际化进程，着力提升中国银行卡产业的国际竞争力。

七、条码支付

条码支付是指银行业金融机构、非银行支付机构应用条码技术，实现收付款人之间货币资金转移的业务活动。条码支付业务包括付款扫码和收款扫码。付款扫码是指付款人通过移动终端识读收款人展示的条码完成支付的行为。收款扫码是指收款人通过识读付款人移动终端展示的条码完成收款的行为。

为鼓励市场机构业务创新，2011 年，人民银行同意部分非银行支付机构（以下简称支付机构）在限定场景内试点开展条码支付业务，审慎地将条码定位于银行卡支付的补充，并提出严格的风险管理要求。2014 年，在未建立有效安全措施、统一的业务规则和消费者权益保护制度的背景下，部分支付机构采取持续补贴的方式广泛推广条码支付业务，人民银行对其采取了暂停线下条码支付业务的监管措施。随着近年来支付标记化（Tokenization）等技术在移动支付中的广泛应用，客观上提高了条码支付的安全标准。2017 年 12 月 25 日，中国人民银行发布《条码支付业务规范（试行）》，并配套发布了《条码支付安全技术规范（试行）》和《条码支付受理终端技术规范（试行）》。

（一）条码支付技术风险防范要求

1. 加强条码安全防护。采取支付标记化、有效期控制、条码防伪识别等手段，提升条码生成、存储、展示、识读、解析、使用等环节的安全防护能力，有效保障条码的可靠性和有效性。

2. 提升条码支付交易安全强度。针对不同条码生成方式，提出加密生成、定期更新、终端唯一标识绑定等具有针对性的安全防护措施。要求银行、支付机构和清算机构运用交易验证强度与交易额度相匹配的技术措施提高条码支付交易的安全性。

3. 强化条码支付交易风险监测与预警。合理应用大数据分析、用户行为建模等手段建立条码支付风险监控模型和系统，对异常交易及时预警并附加风控措施，对高风险交易及时告知客户资金变化情况。

4. 加强客户端软件安全管理。从木马病毒防范、信息加密保护、运行环境可信等方面提升条码支付客户端软件的安全防护能力，要求客户端软件能够监测并向后台系统反馈手机支付环境安全状况并作为风控策略的依据。

（二）静态条码与动态条码

1. 静态条码

静态条码就是长期不变有效的条码。我们经常可以看到一些便利店、烟酒店甚至是流动车、地摊、出租车上都贴有这种静态条码，只要拿出手机扫码，就可以完成支付交易。

静态密码存在很大的风险性。比如容易被不法分子伪造覆盖，换成自己的收款条码；或者通过截屏、偷拍等手段，盗取支付凭证。

2. 动态条码

动态条码是指在使用条码收付款时，手机电子屏上经常变动的条形码。动态条码是更新的，不容易被替换盗用。动态条码具有风险防范能力，除了条码定时更新，还包括采用数字证书、电子签名验证交易。

（三）限额管理要求

1. 风险防范能力达到 A 级，即采用包括数字证书或电子签名在内的两类（含）以上有效要素对交易进行验证的，可与客户通过协议自主约定单日累计限额。

2. 风险防范能力达到 B 级，即采用不包括数字证书、电子签名在内的两类（含）以上有效要素对交易进行验证的，同一客户单个银行账户或所有支付账户单日累计交易金额应不超过 5000 元。

3. 风险防范能力达到 C 级，即采用不足两类要素对交易进行验证的，同一客户单个银行账户或所有支付账户单日累计交易金额应不超过 1000 元。

4. 风险防范能力达到 D 级，即使用静态条码的，同一客户单个银行账户或所有支付账户单日累计交易金额应不超过 500 元。

知识拓展及思政项目：警惕银行卡非授权交易

银行卡盗刷交易分为伪卡盗刷交易和银行卡网络盗刷交易，二者的主要区别在于是否使用伪造的银行卡刷卡进行交易。伪卡盗刷交易着重强调他人伪造银行卡卡片刷卡进行交易，网络盗刷交易的特点是盗刷者不使用伪造银行卡卡片刷卡交易。

2021 年 5 月 25 日起施行的《最高人民法院关于审理银行卡民事纠纷案件若干问题的规定》对银行卡盗刷交易的认定及举证规则做出详细规定。银行卡盗刷交易认定的重点是持卡人账户发生非因本人意思的资金减少或者透支数额增加的行为，该交易不是持卡人本人授权交易，而将持卡人与他人恶意串通进行的银行卡交易排除在外。

持卡人主张争议交易为伪卡盗刷交易或者网络盗刷交易的，可以提供生效法律文书、银行卡交易时真卡所在地、交易行为地、账户交易明细、交易通知、报警记录、挂失记录等证据材料进行证明。

发卡行、非银行支付机构主张争议交易为持卡人本人交易或者其授权交易的，应当承担举证责任。发卡行、非银行支付机构可以提供交易单据、对账单、监控录像、交易身份识别信息、交易验证信息等证据材料进行证明。

人民法院应当全面审查当事人提交的证据，结合银行卡交易行为地与真卡所在地距离、持卡人是否进行了基础交易、交易时间和报警时间、持卡人用卡习惯、银行卡被盗刷的次数及频率、交易系统、技术和设备是否具有安全性等事实，综合判断是否存在伪卡盗刷交易或者网络盗刷交易。

知识点 7　银行存款的性质

一、储蓄的故事

　　"储蓄"一词，最早见于战国时代。战国兵书《尉缭子·治本》载："民无二事，则有储蓄。"这里的储蓄，是指实物而不是金钱，主要是为了积聚财物，以备需用；积谷防饥，以免灾荒。随着商品经济的发展，储蓄逐渐由实物转为金银钱币。西汉初，民间开始以很多朴素的方式储蓄积钱，如扑满、窖藏等。

　　扑满在古代是比较常见的藏钱之物，是用泥土做成的，只有入口，没有出口，从入口把钱投进去，待积满之后，把它敲碎，取出备用。扑满在古代非常普及，小至寻常人家，都随处可见。现代的存钱罐就是效仿古人的扑满制成的。窖藏，就是把金银钱币等放进盛器，埋置地下或藏于墙壁夹缝之中，衍生出常被人拿来谈笑的"此地无银三百两"的故事。古人还喜欢将比较贵重的物品藏在床底、房梁或其他什么地方，这也是"梁上君子"的由来。

　　唐朝以来，在商业发达的都市中，有一种代客保管金银钱财的商铺，名叫柜坊，其保管柜称为僦柜。存户需用时，可出帖或用信物向其支领。后来发展起来的钱庄、钱铺、银号，接受存款，寄存财物，兑换银钱，开发庄票，办理汇兑，至清初已发展成初具规模的独立行业。到了清末，银行由外国传入，人们开始将钱存入银行，钱庄的地位逐渐为银行所代替。1897 年成立的中国通商银行，是我国最早办理储蓄业务的银行。

二、银行存款关系的合同属性

　　从银行的角度看，存款业务（产品）是指银行等金融机构接受客户存入资金，并在客户支取时支付本金和利息的一种信用业务。从客户的角度看，存款包含两个含义：一是指一种动态的存款行为活动，二是指静态的存款货币资金。

　　不同客户的存款，其目的也大不相同，对其规范也存在很大差异，分别受不同的规章制度所约束。对个人客户，存款的目的一般是基于储蓄的需要，因此又称为储蓄存款；我国《储蓄管理条例》对储蓄作出定义，是指个人将属于其所有的人民币或者外币存入储蓄机构，储蓄机构开具存折或者存单作为凭证，个人凭存折或者存单可以支取存款本金和利息，储蓄机构依照规定支付存款本金和利息的活动。对单位客户，存款的目的一般是基于经营的需要。我国《人民币单位存款管理办法》规定，单位存款是指企业、事业、机关、部队和社会团体等单位在金融机构办理的人民币存款，包括定期存款、活期存款、通知存款、协定存款及经中国人民银行批准的其他存款。

关于存款关系的一个共识就是银行与客户之间以合同的形式对其加以规范。在1999年我国《合同法》公布之前，合同法草案曾经将储蓄合同列入合同法分则，但是由于当时分歧很大、争议颇多，最后还是将其删掉了。尽管如此，但现行《民法典》关于合同的一般原则仍适用于存款合同。鉴于存款合同的特殊性，存款关系还会受到《中华人民共和国商业银行法》《储蓄管理条例》等法律法规的规范。

三、存款合同的特征

存款合同作为一种货币交易合同关系，与一般的民事合同关系存在较多的区别，带有很强的国家干预性质。

（一）存款合同的标的物是货币，而非普通的物

这是存款合同区别于其他合同的最为特殊之处。货币是充当一切商品的等价物的特殊商品，是价值的一般代表，可以用来购买任何商品。货币作为一种特殊的物，并且其物权性质也会大不相同。时至今日，理论界对货币是一种什么样的物及其物权特征仍存在很大的争议。

1. 在货币占有与所有的关系上，货币的所有者与占有者一致，称为所有与占有一致原则。依此原则，货币的占有者即货币的所有者，货币的所有者必为货币的占有者。也就是说，货币的所有权与货币的占有权融为一体，不可两分，这是自货币产生以来亘古不变的规则。

2. 货币的使用须以其交付为前提，而其结果即导致原所有人所有权的丧失和收受货币者取得其所有权。也就是说，对货币的使用即意味着对货币所有权的处分。因此，货币所有权不像其他实物的所有权一样同时具有使用权和处分权，货币的使用权与处分权必然是合一的。

因此，货币作为财产的表现形式之一，没有具体的个性，是一种特殊的动产，是最典型的种类物，谁占有，谁便享有所有权。在存款关系中，一旦客户将货币交付银行，货币的所有权及风险都转移到银行。

（二）存款合同主体具有严格的限定性

吸收存款的一方必须是具有存储业务资格的金融机构。国家对这类主体设立的条件进行严格的限制，并且对其进行严格的监管。如我国《商业银行法》规定，设立商业银行，应当经国务院银行业监督管理机构审批。未经国务院银行业监督管理机构批准，任何单位和个人不得从事吸收公众存款业务，任何单位不得在名称中使用"银行"字样。在监管方面，我国《银行业监督管理法》规定，国务院银行业监督管理机构依法定条件

和程序，审批银行业金融机构的设立、变更、终止以及业务范围，对商业银行进行监管。

（三）对存款合同内容进行了强制性规定

《中国人民银行关于执行〈储蓄管理条例〉的若干规定》规定，储蓄种类有活期储蓄存款、整存整取定期储蓄存款、零存整取定期储蓄存款、存本取息定期储蓄存款、整存零取定期储蓄存款、定活两便储蓄存款、华侨（人民币）定期储蓄。储蓄机构可根据条件开办全部或部分储蓄种类。银行不可以创设存款种类，也不能和存款人任意约定法律规定范围以外的存款种类，而只能在规定的几类中进行选择。在期限设置和存款利率决定方面，也会受到国家的管制和指导。在储蓄存款的计息方式方面，对未到期的定期存款提前支取、逾期支取的定期储蓄存款以及定期存款存期内利率调整都规定了具体的计息方法。

四、存款合同性质的相关学说

（一）消费保管合同说

消费保管合同，在传统民法理论中又称为消费寄托合同，是指保管物为种类物，保管物在交付保管人时发生所有权转移，保管人只需返还相同种类、数量、品质的替代物的保管合同。大陆法系国家认为存款合同属于消费保管合同，以存款人为寄托人、银行等金融机构为保管人，以金钱为保管物。

存款人将自己的现金交付银行，即作出了寄托银行保管其价值、防止意外损毁的意思表示，银行负有妥善保管其存款的义务。消费保管中，如果保管人破产，保管物归入破产财产，寄存人无取回权。存款银行破产，存款作为保管物也将列入破产财产中，按法定顺序依次清偿。

该观点的主要支持依据在于，从存款人主观心态角度看，存款人希望银行妥善保管自己的存款并防止冒领、意外损毁灭失等危险的发生，而消费保管中的"保管"二字则蕴含了这一含义，更侧重强调银行作为保管人保障其存款价值的安全和及时兑付的保管义务。从存款关系的起源看，存款起源于货币兑换商为商人提供货币保管业务，存款行为首先追求的是银行保障金钱货币价值稳定与安全的保管服务，进而存款人和银行之间形成契约，约定双方的权利义务。可以看出，传统存款关系体现为银行与存款人之间的金钱保管关系，消费保管或消费保管合同说能够契合解释这一关系。

（二）消费借贷合同说

消费借贷合同，是出借人把一定数量的货币或实物有偿交付借用人所有，借用人在约定期限内负责归还同等数量的货币或相同种类、数量、品质的实物的合同。英美法系国家主张存款关系实质是一种金钱借贷关系，存款合同属于消费借贷合同。银行充当的便是借款人，存款人即为贷与人。

虽然消费保管和消费借贷在存款所有权归属于银行、存款关系属于债权关系、银行返还义务等问题上观点一致，但两者仍然存在较大差异。在保管合同中，寄托人应向保管人交纳保管费，而在现代存款活动中，存款人作为寄托人却不会向银行交纳保管费，反而会收到银行的利息。因此，现代存款关系更适合从借贷关系的角度进行解释，更强调银行负有对存款使用的代价，即存款利息的支付义务。

（三）混合合同说

混合合同是将一个以上的有名合同混合而形成的合同，其权利义务包含多种合同关系的特点。我国持这种观点学者认为，存款合同是存款人与接受存款的金融机构双方特殊约定的产物，在结算账户基础上形成的存款合同，是综合了委托代理合同、消费寄托合同、消费借贷合同的混合合同。存款人委托银行代为结算收支，体现为委托代理合同，而保管存款安全的需要和接受银行使用消费存款则分别体现了消费保管和消费借贷的特点。存款合同成立后，存款的所有权移转至银行，存款人可以要求金融机构随时或者到期后偿还存款本金及利息，银行有义务妥善保管。

（四）总结

传统存款合同更加强调保管关系，现代存款合同更加强调借贷关系，将安全保障义务作为其合同附随义务。在存款合同中，双方的权利义务如下：

客户的权利义务包括存款自由的权利、取款自由的权利、取得利息的权利，交付真实货币的义务、妥善保管自己存款凭证及账户信息的义务。

银行的权利义务包括收费的权利、抵销的权利，保密的义务、保证客户支取存款的义务、谨慎支付的义务、法律规定或合同约定的其他义务。

更加值得关注的是，作为借贷关系的存款合同，不同于一般的借贷合同，会更加偏重对存款人的特殊保护。

五、对存款人的特殊保护

存款人和存款银行是平等的民事主体，它们之间的法律地位是平等的。但在实际生活中，商业银行凭借自身优势地位损害存款人权利的事常有发生。主要原因在于，首先，存款银行是有组织的法人，资金实力雄厚，而存款户是分散的，力量薄弱，二者的力量不平衡。其次，银行业是技术性、专业性很强的行业，而大多数存款人缺乏相应的专业知识和技能，并且受到时间、精力等限制，不能正确判断银行的资信状况，这些都会影响存款人自身利益的实现。可以说，存款人与商业银行的关系类似于消费者与生产者、经营者的关系。因此，对于存款人而言，国家应当通过法律的制定给予特殊的保护。

（一）存款准备金制度

存款准备金是指银行根据其吸收的存款，按照一定比例存放在中央银行的存款。中央银行要求的存款准备金占银行存款总额的比例就是存款准备金率。

存款准备金制度起源于 18 世纪的英国，最初的主要功能是政府变相地向商业银行征收税收。历经美国 1863 年的《国民银行法》、1935 年的《银行法》，存款准备金制度得到全球各国的普遍实施，成为保证银行支付清算、控制货币供应量和稳定市场利率的重要货币政策工具。自 20 世纪 70 年代以来，随着西方主要国家货币政策目标的调整以及金融创新活动的潮起，存款准备金率普遍大幅度下降，存款准备金制度的重要性显著下降，逐步演变成辅助性货币政策工具。

但从单个银行的角度看，存款准备金制度的意义在于满足客户提取存款和资金清算的需要，保证商业银行的正常运营以及控制其风险，最终实现保护存款人的目的。

（二）存款保险制度

存款保险制度是一种金融保障制度，是指由符合条件的各类存款性金融机构集中起来建立一个保险机构，各存款机构作为投保人按一定存款比例向其交纳保险费，建立存款保险准备金；当成员机构发生经营危机或面临破产倒闭时，存款保险机构向其提供财务救助或直接向存款人支付部分或全部存款，从而保护存款人利益，维护银行信用，稳定金融秩序。

从 2015 年 5 月 1 日起，根据《存款保险条例》，我国正式实施存款保险制度。为有效保障存款人的利益，保证存款保险制度的公平性和合理性，促进银行业公平竞争，我国存款保险具有强制性。在我国境内设立的吸收存款的银行业金融机构，包括商业银行（含外商独资银行和中外合资银行）、农村合作银行、农村信用合作社等，都应当参加存款保险。

从存款保险覆盖的范围看，既包括人民币存款，也包括外币存款；既包括个人储蓄存款，也包括企业及其他单位存款。本金和利息都属于被保险存款的范围。

存款保险的保费由投保的银行业金融机构交纳，存款人不需要交纳。存款保险实行基准费率与风险差别费率相结合的制度。费率标准由存款保险基金管理机构根据经济金融发展状况、存款结构情况以及存款保险基金的累积水平等因素制定和调整。

设置赔付上限。我国存款保险制度采取限额赔付制，同一存款人在同一银行内的存款，最高赔付限额为人民币 50 万元整。当存款机构发生风险时，50 万元以内的部分由存款保险全额赔付，超出 50 万元的部分由此银行的清算资产中按比例受偿。

（三）银行破产时对存款人的优先支付

我国商业银行法规定，商业银行不能支付到期债务，经国务院银行业监督管理机构同意，由人民法院依法宣告其破产。商业银行被宣告破产的，由人民法院组织国务院银行业监督管理机构等有关部门和有关人员成立清算组，进行清算。

商业银行破产清算时，在支付清算费用、所欠职工工资和劳动保险费用后，应当优先支付个人储蓄存款的本金和利息。

（四）金融消费者权益保护

2015 年 11 月，《国务院办公厅关于加强金融消费者权益保护工作的指导意见》，提出保障金融消费者的八项基本权利，即财产安全权、知情权、自主选择权、公平交易权、依法求偿权、受教育权、受尊重权、信息安全权。这是首次从国家层面对金融消费权益保护进行具体规定，强调保障金融消费者的八大权利。

1. 财产安全权。金融机构应采取严格的内控措施和科学的技术监控手段，保障金融消费者财产安全。金融消费者在购买、使用商品和接受金融服务时，享有财产安全不受损害的权利。例如，在境外刷卡购买商品时，银行会联系消费者，确认交易的真实性和风险性。如消费者有出行计划，也可主动联系银行进行出境报备，银行以便更好地为消费者服务；如消费者丢失或遗失信用卡时，应及时联系银行办理挂失。

2. 知情权。金融机构应当以通俗易懂的语言，及时、真实、准确、全面地向金融消费者披露可能影响其决策的信息，充分提示风险，不得发布夸大产品收益、掩饰产品风险等欺诈信息，不得作虚假或引人误解的宣传。金融消费者享有在购买、使用商品或者接受服务前知悉产品特征的权利。例如，在申办信用卡时，金融机构需向客户提供领用合约、收费标准等；在线上服务渠道申请办卡时，相关页面需客户勾选同意，此时，客户应仔细阅读相关内容，维护自身权利。

3. 自主选择权。金融机构应当充分尊重金融消费者意愿，由消费者自主选择、自行决定是否购买金融产品或接受金融服务，不得强买强卖，不得违背金融消费者意愿搭售产品和服务，不得附加其他不合理条件，不得采用引人误解的手段诱使金融消费者购买其他产品。金融消费者享有自主选择商品或服务的权利。例如，消费者可根据不同卡面、功能、增值服务，根据需求，选择申办不同的信用卡产品。

4. 公平交易权。金融机构不得设置违反公平原则的交易条件，在格式合同中不得加重金融消费者责任、限制或者排除金融消费者合法权利，不得限制金融消费者寻求法律救济途径，不得减轻、免除本机构损害金融消费者合法权益应当承担的民事责任。金融消费者享受公平交易的权利。

5. 依法求偿权。金融机构应当切实履行金融消费者投诉处理主体责任，在机构内部建立多层级投诉处理机制，完善投诉处理程序，建立投诉办理情况查询系统，提高金融消费者投诉处理质量和效率，接受社会监督。

6. 受教育权。金融机构应当进一步强化金融消费者教育，积极组织或参与金融知识普及活动，开展广泛、持续的日常性金融消费者教育，帮助金融消费者提高对金融产品和服务的认知能力及自我保护能力，提升金融消费者金融素养和诚实守信意识。金融消费者享有参与金融知识普及活动的权利。

7. 受尊重权。金融机构应当尊重金融消费者的人格尊严和民族风俗习惯，不得因金融消费者性别、年龄、种族、民族和国籍等不同进行歧视性差别对待。金融消费者在购买、使用商品和接受服务时，享有获得尊重和平等对待的权利。

8. 信息安全权。金融机构应当采取有效措施加强对第三方合作机构的管理，明确双方权利义务关系，严格防控金融消费者信息泄露风险，保障金融消费者信息安全。金融消费者享有个人信息和隐私受保护的权利。

六、存款功能的演变：从储蓄到支付

一般认为，存款最初的目的就是储蓄，积累货币财富。但随着信息技术的演进，存款不断体现出其用于支付的功能。

（一）存款与现金

我们需要区分货币、现金以及存款的概念。

货币是商品交换的媒介，是一种交易工具，是一个理论概念；而现金和存款是货币的具体实践，是实现货币梦想的载体，是一个实践概念。

如《中华人民共和国中国人民银行法》《中华人民共和国人民币管理条例》规定，人民币是指中国人民银行依法发行的货币。人民币包括纸币和硬币；这就是我们通常所说的现金概念。

在现金支付时代，支付的场景是，人们将现金存放在银行，需要支付时到银行取款用于支付，即存款通过"存+取"完成支付。此时，存款与现金之间还存在显著的差异，存款主要是基于积累的目的形成的货币财富，现金才是用于流通的货币工具；存款还不能发挥如现金一样的支付功能，在社会中发挥支付功能的仅仅只是现金。

随着银行非现金支付工具的出现，从最初的票据，到银行卡，再发展到电子支付，支付的场景演变成人们通过支付票据、银行卡、电子转账，直接实现支付的需要，而不再出现现金的影子，也即当前所谓的"无现金社会"的来临。进一步说，在支付方式上，基于活期存款关联的非现金支付工具，在很大程度上代替了现金，活期存款演变成了等同于现金的货币。

（二）银行存款的创造

银行存款的产生主要通过三种渠道：现金存款、转账存款和派生存款。

现金存款又称原始存款，是指客户以现金形式存入银行的直接存款。转账存款是客户存款从一家银行转移到另一家银行而形成的。从客户的角度看，现金存款、转账存款一般都是基于储蓄的目的而存放于银行的。

银行在经营活动中，可以将其吸收的存款用于放贷。在现代信用制度下，银行向客户贷款是通过非现金结算方式开展的，即增加客户在银行存款账户的余额，客户则是通过签发支票、转账的形式来完成支付。因此，银行在增加贷款的同时，也增加了存款额。如此不断延续下去，即可创造出大量存款。这些存款都是商业银行通过自己的信用活动创造出来的，称为派生存款。

（三）货币供应量

货币供应量是指一国在某一时期内为社会经济运转服务的货币存量，由包括中央银行在内的金融机构供应的存款货币和现金货币两部分构成。可以看出，商业银行的存款活动与中央银行的现金发行一样，都是创造出来的货币。

参照国际通用原则，根据我国实际情况，中国人民银行将我国货币供应量指标分为以下几个层次：

M0：流通中的现金；

M1：M0 + 企业活期存款 + 机关团体部队存款 + 农村存款 + 个人持有的信用卡类存款；

M2：M1 + 城乡居民储蓄存款 + 企业存款中具有定期性质的存款 + 外币存款 + 信托类存款。

其中，M1 是通常所说的狭义货币量，流动性较强；M2 是广义货币量；M2 与 M1 的差额是准货币，流动性较弱。

知识拓展及思政项目：警惕商业储值卡（预付卡）的风险

当前，有很多商业企业甚至支付机构发行各类先储值后可用于消费支付的卡片，其名称包括预付卡、储值卡、会员卡、消费卡、积分卡、智能卡、打折卡等。在官方文件中，一般将其定义为预付卡，是指发卡机构以特定载体和形式发行的可在发卡机构之外购买商品或服务的预付价值。

按是否记载持卡人身份信息，预付卡可分为记名预付卡和不记名预付卡。按信息载体不同，预付卡可分为磁条卡、芯片（IC）卡。按其形态，预付卡可分为实体卡和虚拟卡两种形式：前者包括芯片卡、磁条卡、纸券等，后者包括通过微信卡包功能发行的各类电子储值卡、会员卡、优惠卡等。按其使用场景的限制不同，预付卡可分为单用途预付卡和多用途预付卡：前者仅限于在本企业或本企业所属集团或同一品牌特许经营体系内使用，后者可跨法人、跨行业或跨地区使用。

预付卡的本质是预存资金，其最主要的风险就是商家携款跑路。部分不良商家采取预存现金打折、充值返现等方式，诱导消费者进行大额资金充值，当企业经营困难，就会携款跑路，一走了之。甚至个别不良商家的出发点就是集资诈骗，变相通过预付卡充值高息揽储，实质上为庞氏骗局。另外，部分预付卡不记名、不挂失，卡片丢失后，资金不可赎回，也会使广大消费者蒙受资金损失。

知识点 8　存款产品设计及存款制度

【教学目的】
　　1. 重点掌握存款产品设计的要素构成；
　　2. 认识存款利率市场化以及存款定价制度；
　　3. 认识存款实名制度、取款自由制度；
　　4. 认识存款利息税收制度。

一、存款产品的构成要素

存款合同中，最主要的构成要素包括存款人、存取方式、期限、金额以及利率。其中，利率是存款的最核心要素，是存款人和银行最关注的要素。不同的存款人、存取方式、期限、金额的要素组合，会影响存款利率的定价。

一般来说，从银行层面看，不同的存款要素组合会影响银行存款经营的成本和收益。存款经营成本越高，银行提供的存款利率就会越低。从存款人层面看，不同的存款要素组合会影响存款人的资金流动性和收益。存款人要求的流动性越高，则存款的利率就会越低。

在我国银行传统的存款设计中，一方面，影响存款利率水平的主要要素是存取方式和期限，而存款人特征、金额却没有被考虑其中；另一方面，在存款的定价中，只单一利用了利率这一定价，而忽略了存款人可以享受的其他业务优惠或者承担的收费。

（一）存取方式

存款人将各种来源的资金存放在银行，在不确定的将来会使用到资金，需要支取。客户会根据自己资金的收入和支出情况，选择一种适合自己存取方式的存款；银行也会根据客户的需求，开发设计不同存取方式的存款产品。

特别是在存款凭证还处于纸质化，银行存取款仍主要采取传统柜台运营方式的时代，存取款服务是银行运营的主要成本来源，因此对存取款操作的需求会大大影响存款利率。一般来说，存取次数越多，利率越低。一方面，电子存款的发展大大提高了银行存取款活动的效率，降低了存取款运营的成本；另一方面，随着结算技术的发展，存款取款需求变成活期存款与非活期存款之间的转换需求，存取款服务不再是存款人对银行存款的需求了。

一般来说，存取方式可以包括一次性存一次性取、一次性存多次取、多次存一次性取、多次存多次取。其中，多次存取还可以进一步区分为固定时间存取和任意时间存取。在我国银行存款产品的设计中，就出现了整存整取定期储蓄存款、零存整取定期存款、存本取息定期存款、整存零取定期存款、定活两便存款、通知存款、活期存款等。

（二）期限

存款人会根据自己的资金闲置状况和收支需要，确定一个存款期限，在此期限内放弃资金的控制权。期限可以分为固定期限、无期限、永久期限。固定期限又可以分为长期和短期。例如，我国整存整取定期存款的固定期限包括 3 个月、半年、1 年、2 年、3 年和 5 年，活期存款的期限可以视为无期限。我国当前没有设计永久期限的存款。一般来说，存款的期限越长，利率越高。

（三）金额

存款的金额包括起存金额、日均存款金额。起存金额是对存款人购买某类存款设置的限制，也即银行根据自身成本收益的考虑，将某类存款的客户限制在一定的范围之内。日均存款显示的是存款存量金额的大小，以此识别存款人对银行的贡献。一般来说，存款的金额越大，利率越高。

（四）存款人

根据客户的不同特征，存款人可以分为新客户和老客户、低价值客户和高价值客户、电子渠道客户和传统渠道客户等。银行会根据吸收存款、业务拓展的需要，针对不同的客户，提供不同的利率。

一般来说，银行会基于市场营销、开发客户的需要，为新客户提供较高的利率。为稳定为银行贡献度高的高价值客户，银行会为其提供较高的利率。由于传统渠道的经营成本较高，银行会为电子渠道客户提供较高的利率。

（五）利率

现代银行存款的本质体现了银行与客户之间的特殊借贷关系，客户暂时放弃自己的资金所有权或使用权，让与银行，银行自然需要支付一定的对价，这就是存款利率。在数量上，利率是计算存款利息的标准。在功能上，存款利率是银行吸收存款的一个经济杠杆，也是影响银行成本、社会融资成本的一个重要因素。

在存款利率管制的情况下，存款利率水平是由官方制定的；一般会综合客观经济条件、货币流通状况及通货膨胀等情况，并兼顾各方利益，有计划地确定。在存款利率市场化的情况下，存款利率水平可以由银行自主决定，但极易导致银行高息揽储、恶性竞争，从而导致社会利率水平的抬升。因此，存款利率水平也会受到官方的约束和指导。

二、我国银行存款业务开展的总体要求

我国《商业银行法》第二十九条规定：商业银行办理个人储蓄存款业务，应当遵循存款自愿、取款自由、存款有息、为存款人保密的原则。

简单来说，存款自愿是指客户存不存款、存多存少、什么时候存、存在哪个银行、存哪一种存款等，都由个人自己决定，银行不能强迫。这体现了商业银行与客户的业务往来，应当遵循平等、自愿、公平和诚实信用的原则。取款自由，指储户什么时候取款、取多少、取款的用途等，都由客户自己决定，银行及他人不得询问或非难。存款有息，指银行应按规定利率向储户支付利息。为储户保密，即保密原则，是指银行对储户

存款的金额、户名、地址、印鉴式样等，都不得告诉他人。

存款原则的这种设计和规范，虽然概括起来简洁明了，但随着银行经营实践的发展变迁以及对银行存款认识的进一步深化，对这一存款原则的理解也需要进一步明确。

例如，对存取自由的认识也并非绝对的和无限制的，存取自由应限定在合理合法的存款资金来源上，存取行为也应限定在合理合法的目的上。在存款有息方面，应针对银行存款的不同设计，如活期存款和定期存款，确定是否有息以及计息规则；具体来说，活期存款是否可以不付息？大可不必在"存款有息"原则下被"一刀切"地加以限制。在为存款人保密方面，对银行的保密义务要求以及保密信息范围应不断细化，在信息社会下，对个人信息的保护已成为社会关注的焦点。

以下对这些存款原则进行详细解读。

三、取款自由原则

（一）取款自由的制度含义及其完善

一般来说，取款自由是指存款人什么时候取款、取多少、取款的用途等，都由客户自己决定，银行及他人不得询问或非难。取款自由体现了储户对其财产的所有权。银行应当及时地、无条件地保证付款，不得压单、压票或者强收手续费和其他费用。银行拖延付款，强收不合理费用的，应当承担民事责任。

随着银行业务经营方式和渠道的发展，取款的含义也发生了一定的转变。狭义的取款是指传统的提取现金，广义的取款还要包括银行转账支付。因此，对取款的认识涉及两个层面：现金管理制度与转账支付制度。另外，客户取款自由的权利也不是绝对的和无限制的，其要受银行风险管理的现实需要以及法律相关规定的限制。

1. 大额现金管理制度

2020 年 5 月 13 日，中国人民银行在总结大额现金管理经验的基础上，依据《中华人民共和国中国人民银行法》《现金管理暂行条例》等法律法规，发布《大额现金管理先行先试方案》，主要是全面规范银行业金融机构大额现金业务，试点期为 2 年，先在河北省开展，再推广至浙江省、深圳市。

管理金额起点须符合人民银行总行对起点金额以上业务笔数、金额在总业务量中比例要求，不影响个人、企业特别是个体工商户正常、合理的用现需要，对监测非常规大额庄现行为有针对性，既避免银行业金融机构工作负担过重，又对客户的整体影响较小。经试点行调研分析，对公账户管理金额起点均为 50 万元，对私账户管理金额起点分别为河北省 10 万元、浙江省 30 万元、深圳市 20 万元。

在大额现金管理方面，措施包括：（1）银行自行建立相关预约规则，明确客户预约的时间、渠道方式、信息要素，并保存预约信息；银行应主动宣传预约理念，完善预约业务流程，为客户办理预约创造便利条件，逐步强化约束机制。（2）客户存取起点金额之上的现金，应在办理业务时进行登记；登记的信息要素由银行自行采集、保存、统计并上报。

2. 转账支付要求及规定

2016 年 12 月 28 日，为了进一步加大对洗钱、恐怖融资及腐败、偷逃税等犯罪活动的监测和打击力度，中国人民银行对《金融机构大额交易和可疑交易报告管理办法》进行了修订。

针对大额交易和可疑交易，要求银行向中国反洗钱监测分析中心报告，并接受中国人民银行及其分支机构的监督、检查。企业和个人在开展相应的资金收付、转账等业务过程中，无须额外履行报告手续。

其中，大额交易主要包括：（1）当日单笔或者累计交易人民币5万元以上（含5万元）、外币等值1万美元以上（含1万美元）的现金缴存、现金支取、现金结售汇、现钞兑换、现金汇款、现金票据解付及其他形式的现金收支。（2）非自然人客户银行账户与其他的银行账户发生当日单笔或者累计交易人民币200万元以上（含200万元）、外币等值20万美元以上（含20万美元）的款项划转。（3）自然人客户银行账户与其他的银行账户发生当日单笔或者累计交易人民币50万元以上（含50万元）、外币等值10万美元以上（含10万美元）的境内款项划转。（4）自然人客户银行账户与其他的银行账户发生当日单笔或者累计交易人民币20万元以上（含20万元）、外币等值1万美元以上（含1万美元）的跨境款项划转。

可疑交易是指金融机构发现或者有合理理由怀疑客户、客户的资金或者其他资产、客户的交易或者试图进行的交易与洗钱、恐怖融资等犯罪活动相关的，不论所涉资金金额或者资产价值大小，均应视为可疑交易予以报告。

（二）定期存款的可提前支取

为体现存款的自由取款原则，在定期存款合同设计中，一般都允许存款人在尚未到期之前，提前支取全部或部分存款。存款的可提前支取是存款最为核心的要义，是存款区别于其他金融产品的显著特征之一。

我国《储蓄管理条例》第二十四条规定：未到期的定期储蓄存款，全部提前支取的，按支取日挂牌公告的活期储蓄存款利率计付利息；部分提前支取的，提前支取的部分按支取日挂牌公告的活期储蓄存款利率计付利息，其余部分到期时按存单开户日挂牌公告的定期储蓄存款利率计付利息。从中可以看出，我国对定期存款的规定也是可以提前支取的，只是要求提前支取的存款人支付一定的代价，即违约金；当前规定的违约金为定期利息与活期利息之差。

1. 对可提前支取的认识

这种允许存款人提前支取的规定，相当于在存款合同中增设了存款人单方任意解除合同的条款；或是为存款人隐含提供了一项美式期权，存款人可以根据自己的需要选择是否提前支取。

因此，对存款人来说，可提前支取大大提高了定期存款的流动性和灵活性，是有利于存款人的。但对银行来说，可提前支取大大降低了银行定期存款的稳定性，至少在资金管理中需要配置更多的现金，会增加银行的经营成本。

2. 存款提前支取时的计息问题

显然，提前支取的定期存款，不能再按照存款时约定的利率支付利息。随着我国存款利率的市场化，银行开始有权确定存款利率，并设计符合业务发展需要的存款产品，其中可以对存款提前支取有不同约定。

产品设计的基本思路是在存款票面利率与提前支取利息支付之间作出权衡。具体方法可以是：（1）较高的票面利息，而在提前支取时支付一定的违约费，这一做法从成本角度大大限制了存款的取款自由。（2）稍微降低一点票面利息，提前支取的款项不付息。（3）再降低一点票面利息，提前支取的款项按活期计息；这是当前我国对定期存款提前支取的规定。（4）约定极低的票面利息，在提前支取时靠档计息；这是当前我国出现的新型存款产品设计。

在理论上，银行基于成本收益的考虑，会作出存款产品设计的理性选择；但在现实中，由于银行经营的产品不仅是存款，还有贷款和其他产品，而且存款与这些产品之间存在复杂的关联，最终导致银行纷纷选择高息揽储。

3. 定期存款可提前支取的例外设计

当前，我国对银行存款都设计了可提前支取的一般要求。但随着我国银行业务发展实践，结合国外银行存款创新发展（如大额可转让定期存单），针对特殊类型的客户需求或者银行筹储资金的特殊考量，存款开始出现不可提前支取的特点。

存款不可提前支取，从客户层面看，放弃了可提前支取的选择权利，自然会要求获得更高的存款利息。从银行层面看，可以获得更加稳定的资金来源。

四、存款利率定价制度

（一）存款利率的行政性管制与市场化决定

存款利率的决定有两种方式：行政性管制与市场化决定。前者是政府相关监管部门对存款利率进行管制，根据当时经济社会发展状况规定存款基准利率，强制银行执行；后者是银行根据自身需要按照一定的原则自主制定存款利率。

我国银行存款利率市场化，经历了一个漫长的过程，不断按照先大额、后小额，先长期、后短期，先外币、后本币的思路进行改革。至 2015 年 10 月 24 日，中国人民银行决定对商业银行和农村合作金融机构等不再设置存款利率浮动上限。至此，我国完全放开了对存款利率的行政性管制，商业银行可在存款基准利率基础上自主确定存款实际执行利率。

但存款利率市场化，也并非银行存款利率定价的完全自由化，而是利率自律机制。利率自律机制是由金融机构组成的市场利率定价自律和协调机制，旨在对金融机构利率定价行为开展行业自律管理。2013 年，中国人民银行指导建立了利率自律机制，对金融机构利率定价行为进行自律管理。2015 年放开存款利率管制，在利率自律机制协调下，金融机构经过自主协商，形成了按存款基准利率倍数确定的存款利率自律约定上限。在此范围之内，各金融机构可与存款人自主协商确定存款实际执行利率。

2021 年 6 月，中国人民银行指导利率自律机制优化存款利率自律上限形成方式，由存款基准利率乘以一定倍数形成，改为加上一定基点确定。2022 年 4 月，中国人民银行指导存款自律机制成员参考以 10 年期国债为代表的债券市场利率和以 1 年 LPR 为代表的贷款市场利率，合理调整存款利率水平。这标志着我国存款自律定价机制的市场化程度将进一步提升，未来存款基准利率不仅将与贷款利率挂钩，也将与债券市场利率联系。

（二）存款利率定价方法

1. 以成本为中心的定价方法，是在保证银行自身利润基础上的定价方法

（1）目标利润定价法，基本原理是按存款资金运用可得到的平均价格，减去本行经营成本和目标利润后得出的可接受存款成本，以此作为存款价格。优点是简单易行，保证目标利润。

（2）边际成本定价法，基本原理是将新增存款利息支出（边际成本）与本行用新增存款发放贷款预期增加的利息收入（边际收益）相比较，以此选择最佳的利率水平。

2. 以市场为中心的定价方法

（1）市场渗透存款定价法，基本原理是提供高于市场水平的高利率，或向客户收取大大低于市场水平的费用，从而吸引尽可能多的客户。通过由此带来的存款量的增加和相关贷款业务的增加提高利润率。

（2）随行就市定价法，基本原理是根据银行同业的平均价格水平或以竞争对手的现行价格为基础制定本行的存款价格。

3. 以存款账户管理成本为基础的定价方法。其基本原理是如果客户存款账户余额在一定时间内保持在某一最低数额以上，则支付很低的账户管理费用或者不付费，一旦降到该最低数额以下，就要支付较高的账户管理费用或银行对存款不计付利息。通常银行以存款账户办理的结算业务量（如开出支票、存入存款、电子汇划、止付命令以及资金不足通知的次数），一个特定期间的账户平均余额（通常为每季度平均）以及存款到期日的天数、周数和月数等因素来确定存款价格。

4. 综合定价法。综合定价法即综合考虑客户存款的金额、期限、取款方式、计息方式、品牌和声誉、市场利率走势等因素，进行综合定价。

（三）存款利率定价体系

存款利率定价体系包括存款内部指导利率、存款挂牌利率、存款实际执行利率。

1. 存款内部指导利率，是指银行进行存款利率定价时的内部参考水平。通过测算银行存款资金运用的总体净收益率，扣除存款管理成本、存款保险费率等成本费用，并扣减目标利润率（分摊至存款业务部门的目标利润率）后，确定银行的存款内部指导利率。

2. 存款挂牌利率，是指银行对外公告的各期限品种存款利率水平，对普通客户的存款利率一般照此执行。银行通过存款内部指导利率，充分考虑本机构发展战略、资产负债状况以及市场竞争环境、同业存款挂牌利率情况等因素，最终确定存款挂牌利率。

3. 存款实际执行利率，是指银行与客户在存款合同中实际执行的利率水平，银行在存款挂牌利率基础上，根据客户综合贡献度、金额、地域等调整项，以及细分市场的具体情况，确定对客户实际执行的存款利率。

五、存款人信息保密制度

所谓为存款人保密，是指商业银行未经存款人明示或默示的同意，不得向第三者透露存款人的存款账户、交易以及其他存款人信息状况。商业银行对存款人负有保密义务是长期以来形成的惯例，各国银行法及其他法律一般也对银行保密业务作出了具体规

定，大多数金融业比较发达的国家甚至制定了专门的银行保密法。我国相关法律法规，如《商业银行法》《反洗钱法》《储蓄管理条例》等，也已确立了银行对存款人的保密义务，但内容相对简单，并没有对银行的保密义务作出详尽规定。

1. 银行保密义务的内容

银行需要履行哪些义务，才算是尽到了保密义务呢？一般来说，可以分为两个方面：作为义务与不作为义务。

作为义务主要是指银行应当遵循国家或行业规定的保密标准，建立健全自身保密措施，从源头上杜绝泄露客户信息的现象出现。例如，银行在设立之初，应以符合国家或行业规定标准的场所作为自己的经营服务场所，并及时对银行内部的设施设备更新换代，采用最先进的科学技术为客户信息设置保护屏障，并定期对内部的设备、设施进行维修维护，防止出现系统漏洞，避免为信息泄露埋下隐患；制度方面的优化主要着眼于制定严格的客户信息保护措施，从客户信息收集的范围、利用的方式、传递的要求、处理的措施等各个方面加以完善，并引入信息等级分类制度，按照不同的风险级别，针对银行客户信息进行管理；加强对银行工作人员的监管力度，对其在银行与客户金融交易过程中的行为实行监督检查，明确违反保密义务的责任方式，同时对掌握客户重要信息的离岗人员的保密责任设定严格约束措施。

现代电子信息技术在银行领域广泛运用，银行应加强对自助柜员机、网上银行、手机银行的监管，及时修复漏洞，提高防火墙的安全级别，设置严密的人员登录程序，对落后设施设备更新换代；同时还需尽到一定的警示、告知义务，如在自助柜员机旁、网上银行登录界面标明警示标志，并注明 24 小时联系方式，降低银行泄露客户信息的风险；又如在交易空闲时段及时排查自助柜员机的安全性能，防止犯罪分子在自助银行利用安置摄像头的方式窃取客户信息。

不作为义务主要是指银行在没有法律规定或者客户同意等例外情况下不得向无关联第三人透露客户信息的义务。该不作为义务具体包括银行收集的客户个人信息应当具有关联性、必要性，不得收集与提供服务无关的客户个人信息；非合同约定事项，不得使用客户个人信息；不得向无关联的第三人泄露客户信息。

2. 存款人信息保密的范围

一般来说，银行对存款人信息的保护范围主要包含三个方面：（1）账户信息，包括账户上的存款余额、存取款时间、款项的来源及去向、账户的明细记录等；（2）有关交易的信息，包括交易标的、种类、性质、内容、价格、当事人、时间等；（3）银行在与存款人交往过程中获取的客户个人信息，无论是客户告知的或是银行自行调查所得，皆包括在内。例如，银行员工在办理日常储蓄、贷款等业务过程中，谈话时获得客户与所办业务无关的个人隐私，包括不良嗜好、家庭状况、婚姻状况、经营信息等，也属于信息保密的范围。

3. 存款机构保密义务的例外

尽管各国对存款机构的保密义务做了规定，但存款机构的保密义务不是绝对的，各国都会基于公共利益需要对保密义务做出例外规定，尤其是在个体利益和社会利益不一致的情况下。保密义务的例外情况主要包括：（1）法律强制披露；（2）为公共利益进行披露；（3）为银行利益进行披露；（4）经过存款人明示或默示同意后披露。

我国《商业银行法》第二十九条第二款、第三十条规定了对个人存款和单位存款的保密义务，法律另有规定的除外。此外，我国其他法律法规，如《民事诉讼法》《刑事诉讼法》《税收征收管理条例》《海关法》等，也规定了银行账户查询、冻结、扣划的相关强制措施。

六、存款利息税收制度

征收利息税是一种国际惯例。几乎所有西方发达国家都将存款利息所得作为个人所得税的应税项目，多数发展中国家也都对储蓄存款利息所得征税，只是征税的办法有所差异。

我国的利息税始于1950年，当年颁布的《利息所得税条例》规定，对存款利息征收10%（后降为5%）的所得税。1959年，利息税停征。1999年11月1日，根据第九届全国人民代表大会常务委员会第十一次会议《关于修改〈中华人民共和国个人所得税法〉的决定》，再次恢复征收，税率为20%。2007年8月15日，税率由20%降至5%。2008年10月9日起，暂免征收利息税。

利息税的征收与免征，每一次的变革都与经济形势密切相关。利息税的征收，可以实现如下目的：通过税收影响居民的收入水平，调节财富不均和贫富差距；通过实际利率变化影响居民储蓄，促进居民储蓄向投资领域转移；抑制储蓄增长，扩大消费支出；增加财政收入。

而利息税的免征，也主要是基于以下考虑：利息税主要来自中低收入阶层，加重了这些人群的经济负担；没有有效抑制居民储蓄存款增长的势头，反而快速增长；免征利息税，提高了实际利率，可以更好地应对通货膨胀的经济形势。

✒ 知识拓展及思政项目：警惕互联网存款的不规范性

近年来，商业银行为适应互联网金融发展的趋势，陆续通过互联网销售个人存款产品，特别是通过互联网第三方平台拓展存款业务。一方面，对于银行来说，在拓宽银行获客渠道、提高服务效率等方面进行了有益探索。另一方面，也暴露出一些风险隐患，比如产品管理不规范、消费者保护不到位甚至欺诈等。典型的案例就是2022年4月的河南村镇银行事件，涉及范围之广、涉案金额之大，轰动全国。

对此，2021年1月15日，银保监会、人民银行发布《关于规范商业银行通过互联网开展个人存款业务有关事项的通知》，主要规定如下：

一、商业银行通过互联网开展存款业务，应当严格遵守法律法规和金融监管部门的相关规定，不得借助网络技术等手段违反监管规定、规避监管要求。

二、商业银行通过互联网开展存款业务，应当严格执行存款计结息规则和市场利率定价自律机制相关规定，自觉维护存款市场竞争秩序。

三、商业银行通过营业网点、自营网络平台等多种渠道开展存款业务，应当增强服务意识，提供优质便捷的金融服务，积极满足公众存款需求。

四、商业银行不得通过非自营网络平台开展定期存款和定活两便存款业务。商业银行已经开展的存量业务到期自然结清。

五、商业银行应当在个人存款项目下单独设置互联网渠道存款统计科目，加强监测分析。

六、地方性法人商业银行要坚守发展定位，确保通过互联网开展的存款业务，立足于服务已设立机构所在区域的客户。

知识点 9　我国银行存款产品及其创新

【教学目的】
1. 重点掌握当前我国银行存款的一般类型；
2. 认识存款的存取方式创新、计息方式创新；
3. 重点掌握结构性存款；
4. 重点掌握大额存单；
5. 重点掌握货币市场基金。

一、我国银行存款产品的一般类型

为了发展储蓄事业，保护储户的合法权益，加强储蓄管理，我国制定《储蓄管理条例》。该条例自 1993 年 3 月 1 日起施行，2011 年 1 月修订。1993 年 1 月，中国人民银行颁布了《关于执行〈储蓄管理条例〉的若干规定》，规定了我国银行存款的类型以及具体规范。

（一）活期储蓄存款

产品定义：人民币活期储蓄存款是指不约定存期，储户可以随时存取，每次存取金额不限的储蓄方式。

功能与特点：1 元起存，多存不限；灵活便利，存取自由，适用于个人生活待用款和暂时不用款的存储。

计息规则：每季度结息一次，每季末月的 20 日为结息日。结息时按结息日挂牌公告的活期存款利率计付利息；未到结息日销户者，利息算至清户的前一天，利率按清户日挂牌公告的活期储蓄存款利率计付利息。

（二）整存整取定期储蓄存款

产品定义：人民币整存整取定期储蓄存款是指储户在存款时约定存期，一次存入本金，整笔支取本金和利息的储蓄方式。

功能与特点：50 元起存，多存不限；存期长，存款稳定性强。客户可以办理多次提前支取，并能获得比活期更高的利息收益。

期限：存期分为 3 个月、半年、1 年、2 年、3 年、5 年。

计息规则：存款利率按开户日相应存期的挂牌利率计付；提前支取的，提前支取部分按支取日挂牌公告的活期储蓄存款利率计付利息；逾期支取的，其超过原定存期的部分，除约定、自动转存外，按支取日挂牌公告的活期储蓄存款利率计付利息。如在存期内遇有利率调整，按存单开户日挂牌公告的相应定期储蓄存款利率计付利息，不分段计息。

（三）人民币零存整取定期储蓄存款

产品定义：人民币零存整取定期储蓄存款是指储户事先约定存期，每月固定金额，逐月存入，到期支取本息的一种定期储蓄方式。

功能与特点：5 元起存，每月存入一次，中途漏存，次月补齐；集零成整，具有计划性、约束性、积极性等功能。

期限：存期分为 1 年、3 年、5 年。

计息规则：零存整取定期储蓄利率按开户日挂牌公告的零存整取利率计付。

（四）整存零取定期储蓄存款

产品定义：人民币整存零取定期储蓄存款是指将本金一次存入，由储户与银行协商确定支取本金的期次与额度，按期次支取固定本金，到期一次性支取利息的储蓄方式。

功能与特点：金额较大，计划性强，主要用于在一定时期内有整笔较大款项收入，需要分期陆续支取的储户。起存金额为人民币 1000 元，在期满结清时支付存款利息，支取周期可分为 1 个月、3 个月、半年一次，由储户自主选择。

期限：存期分为 1 年、3 年、5 年。

计息规则：整存零取定期储蓄利率按开户日挂牌公告的同期零存整取利率计付。

（五）存本取息定期储蓄存款

产品定义：人民币存本取息定期储蓄存款是指本金一次存入，利息分次支取的一种定期储蓄方式。

功能与特点：金额较大，存款余额稳定，分期付息。起存金额为人民币 5000 元，到期一次支取本金，利息可按约定日期办理分次支取；不得提前支取利息；逾期未取的，可随时办理取息，但不计复息；本金的提前支取，只能全部提前支取，不能办理部分提前支取。

期限：存期分为 1 年、3 年、5 年。

计息规则：存款利率按开户日相应存期的定期存款挂牌利率计付利息；全部提前支取的，按支取日挂牌公告的活期储蓄存款利率计付利息，并扣回已支取的利息。

（六）定活两便储蓄存款

产品定义：人民币定活两便储蓄存款是指客户在存款时不约定存期，随时可以提取，利率随存期长短而变动的一种介于活期和定期之间的储蓄方式。

功能与特点：50 元起存，多存不限；手续简单、灵活；存期不受限制，利率适当，收益高于活期。

期限：不约定存期。

计息规则：人民币定活两便储蓄存款利率按中国人民银行规定执行。存期不满 3 个月，按天数计付活期利息；存期 3 个月以上（含 3 个月），不满半年的，整个存期按支取日定期整存整取 3 个月存款利率打六折计算，打六折后低于活期储蓄存款利率的按活期存款利率计算；存期半年以上（含半年），不满 1 年的，整个存期按支取日定期整存整取半年期存款利率打六折计算；存期 1 年以上（含 1 年），无论存期多长，整个存期按支取日定期整存整取 1 年期存款利率打六折计算。

（七）个人通知存款

产品定义：个人通知存款是指储户在存入人民币款项时不约定存期，支取时须提前通知银行，约定支取存款日期和金额方能支取的储蓄存款方式。

细分种类：1 天通知存款，即提前 1 天通知银行约定支取存款；7 天通知存款，即提前 7 天通知银行约定支取存款。

功能与特点：存期灵活，支取方便，能获得较高收益，适用于大额存取较频繁的存款。起存金额为 5 万元，须一次性存入，可一次或分次支取，最低支取金额为 5 万元。

期限：不约定存期。

计息规则：个人通知存款按照中国人民银行公布利率和实际存期计息。遇下列情况按活期存款利率计息：实际存期不足通知期限的；未提前通知而支取的部分；已办理通知手续而未按约定日期支取的；支取金额超过约定金额的超过部分；支取金额不足最低支取金额的。

以工商银行为例，说明存款类型及利率，见表 9 - 1。

表 9 - 1   中国工商银行存款类型及利率

项目	年利率/%
一、城乡居民及单位存款	
（一）活期	0.3
（二）定期	
1. 整存整取	
3 个月	1.35
半年	1.55
1 年	1.75
2 年	2.25
3 年	2.75
5 年	2.75
2. 零存整取、整存零取、存本取息	
1 年	1.35
3 年	1.55
5 年	1.55
3. 定活两便	按一年以内定期整存整取同档次利率打六折
二、协定存款	1
三、通知存款	
1 天	0.55
7 天	1.1

二、存取方式创新：通知存款

1999 年 1 月 3 日，中国人民银行发布《通知存款管理办法》。通知存款是指存款人在存入款项时不约定存期，支取时需提前通知金融机构，约定支取存款日期和金额方能支取的存款。通知期限分为 1 天、7 天两种。

（一）通知存款的特点

1. 通知存款不论实际存期多长，按存款人提前通知的期限长短划分为 1 天通知存款和 7 天通知存款两个品种。1 天通知存款必须提前 1 天通知约定支取存款，7 天通知存款必须提前 7 天通知约定支取存款。

2. 通知存款的最低起存金额：个人为 5 万元；单位为 50 万元；最低支取金额：个人为 5 万元；单位为 10 万元。存款人需一次性存入，可以一次或分次支取。

3. 存款人自由选择通知存款品种（1 天通知存款或 7 天通知存款），但存单或存款凭证上不注明存期和利率，金融机构按支取日挂牌公告的相应利率水平和实际存期计息，利随本清。通知存款如遇以下情况，按活期存款利率计息：实际存期不足通知期限的，按活期存款利率计息；未提前通知而支取的，支取部分按活期存款利率计息；已办理通知手续而提前支取或逾期支取的，支取部分按活期存款利率计息；支取金额不足或超过约定金额的，不足或超过部分按活期存款利率计息；支取金额不足最低支取金额的，按活期存款利率计息。通知存款如已办理通知手续而不支取或在通知期限内取消通知的，通知期限内不计息。

（二）对通知存款的评析

通知存款同时兼有活期存款与定期存款的性质，在一定程度上满足了客户难以确定存款期限的需求，同时相对活期存款又提高了利率。从通知存款的流动性角度看，其更加接近活期存款，特别是其利率也更加接近活期存款。

但是随着银行存款经营环境的改变以及其他金融产品的出现，通知存款的优势被大大缩减了，甚至即将退出历史舞台。（1）取款前通知银行的取款方式，不再是仅仅适用于通知存款；在实践中，大额取款需要提前预约的做法几乎为所有银行采用，而对客户来说，这种通知和预约并无本质区别。（2）通知存款的利率虽然高于活期存款，但相较于以获得收益为目的的其他金融产品而言，其收益的吸引力明显不足。（3）灵活理财、货币基金的出现，在流动性上几乎等同于活期存款，而在收益性、便捷性上要远远优于通知存款。

三、存款计结息方式的创新：智能存款

在计息方面，定期存款提前支取按活期计息，因此会出现利息受损的问题。很多银行推出了靠档计息或者分档计息存款，即存款时不约定存期，按照实际存期对应存款利率计息。

在定期存款提前支取的计息方面，甚至有银行推出了智能存款产品，即与第三方机构合作，将客户定期存款收益权转让给合作机构，规避了定期储蓄存款提前支取的利率规定，从而获得较高利率。例如，客户购买某智能存款产品（假设持有到期利率为4.0%），如果客户提前支取（此时支取利率为 3.5%），可以将定存收益权转让给第三方机构（一般是信托公司），由第三方机构先行支付客户本金和 3.5% 的利率，该机构持有定期存款到期，可以获得到期存款收益和 0.5% 的利差。

在付息方式方面，我国一般规定定期存款到期付息。为解决客户资金流动性问题，很多银行设计了更为灵活的存款付息方式，可按月或按季结息。

这些存款创新，突破了我国现有关于储蓄的制度和法规，是不合法的。因此，2020年3月，人民银行向分支机构及主要金融机构下发关于加强存款利率管理的通知，要求清理此类不规范存款"创新"产品。

四、收益方式创新：结构性存款

一般存款的利率是固定的，相对应的就是浮动利率存款。我国出现了一些收益不确定的存款，最典型的就是结构性存款。

2019年10月发布的《中国银保监会办公厅关于进一步规范商业银行结构性存款业务的通知》对结构性存款进行了定义，并对其发行销售、运作管理进行了规范。结构性存款是指商业银行吸收的嵌入金融衍生产品的存款，通过与利率、汇率、指数等的波动挂钩或者与某实体的信用情况挂钩，使存款人在承担一定风险的基础上获得相应的收益。总体上，虽然挂钩的衍生品各不相同，但其基本结构都是"存款+期权"。

（一）结构性存款的特点

商业银行的结构性存款一般是将全部或部分本金投资于定期存款或固定收益类的无风险或者低风险资产，将少部分资产投向包括金融衍生品在内的高收益高风险资产。对于投资者而言，其收益由两部分组成：一部分是固定收益类产品产生的固定收益，另一部分是投资于金融衍生产品所产生的浮动收益。多数商业银行均推出了结构性存款产品，部分银行受限于衍生品交易等相关资质，未开办结构性存款业务。

结构性存款具有以下特点：（1）收益浮动，一般情况下可以获得较高收益。（2）结构性存款通常是本金100%保护，客户所承担的风险只是利息可能发生损失。（3）流动性较差，客户在存款期间不得提前支取本金，客户在投资的时候需要注意资金流动的问题。

（二）对结构性存款的评价

对于客户来说，结构性存款相当于保本理财，有机会获得较高收益，但不能如一般存款那样可以提前支取。

从监管层面来说，结构性存款的运作很不透明，极易导致高息揽储。例如市场上出现的虚假结构性存款，即没有进行衍生品投资，却向客户支付较高收益。另外，结构性存款还会导致银行资产表外化，以规避监管。因此，通知要求银行制定实施相应的风险管理政策和程序，提出结构性存款的核算和管理要求；规定银行发行结构性存款应具备普通类衍生产品交易业务资格，执行衍生产品交易相关监管规定；参照关于理财产品销售的相关规定，加强结构性存款合规销售；强化信息披露，保护投资者合法权益；加强非现场监管和现场检查，依法依规采取监管措施或实施行政处罚。2020年3月，人民银行关于加强存款利率管理的通知要求金融机构将结构性存款保底收益率纳入自律管理范围。

五、定期存款创新：大额可转让定期存单

（一）最早产生于美国的大额可转让定期存单

1961 年，由美国花旗银行创造了第一张大额可转让定期存单（以下简称大额存单，NCDS）。大额可转让定期存单是指银行发行的可以在金融市场上转让流通的一定期限的银行存款凭证。

与传统定期存款相比，其具有以下特点：（1）定期存款记名、不可流通转让，而大额可转让定期存单则是不记名的，可以流通转让。（2）定期存款金额不固定，可大可小，而大额可转让定期存单金额较大，美国向机构投资者发行的大额可转让定期存单的面额最少为 10 万美元，二级市场上的交易单位为 100 万美元，但向个人投资者发行的大额可转让定期存单的面额最少为 100 美元。（3）定期存款利率固定，而大额可转让定期存单利率既有固定的，也有浮动的，且一般来说比同期限的定期存款利率高。（4）定期存款可以提前支取，提前支取时要损失一部分利息，而大额可转让定期存单不能提前支取，但可以在二级市场上流通转让。

与债券相比，其具有以下特点：大额可转让定期存单与债券都具有"三固定"的特性，即面额固定、期限固定、利率固定。债券属于债权，而大额可转让定期存单属于一般存款，在监管上等同于存款，受到存款特殊保护，特别是存款保险，因此风险更低。

（二）我国银行大额可转让定期存单的发展

我国第一张大额可转让定期存单面世于 1986 年，最初由交通银行和中国人民银行发行。1989 年，经中国人民银行审批，其他专业银行也陆续开办了此项业务。当时，大额可转让定期存单以其期限档次多、利率高、可转让的优点，吸引了众多储户，对充实银行资金来源具有一定的意义。但是，当时开展的大额可转让定期存单存在以下几个问题：（1）各专业银行在发行大额可转让定期存单时，由于利率过高引发存款"大搬家"，增加了银行资金成本，造成存款利率虚高和混乱。（2）当时我国还未形成完善的二级流通市场，存单难以转让。因此，1996 年后，整个市场停滞，几近消失。

但是，大额可转让定期存单具有可以实现银行和存款人双方共赢的优良特性，加上一些吸收存款困难的中小银行特别需要寻求新的存款方式，推行大额可转让定期存单势在必行。因此，为规范大额存单业务发展、拓宽存款类金融机构负债产品市场化定价范围、有序推进利率市场化改革，2015 年 6 月，中国人民银行制定了《大额存单管理暂行办法》。我国推出的大额可转让定期存单名称为"大额存单"，"大额"是其主要特点，而"可转让"不是强制的，银行可以根据自身的能力和需求设计成可转让或者不可转让。

大额存单是商业银行针对个人、非金融机构和社会团体发行的一种记账式储蓄凭证，具有以下特点：（1）大额存单本身属于一般存款，受到存款保险的保障，安全性高。（2）期限较多。大额存单有 7 天、14 天、1 个月、2 个月、3 个月、6 个月、9 个月、12 个月和 18 个月等期限，投资者可根据自己的资金需求，灵活选择期限。（3）灵活性较好。一方面，我国商业银行设计的大额存单，一般保留了"可提前支取"的传统存款特点，并自主设计了提前支取的条件和计息规则；另一方面，大额存单可以转让，

借助一些专业的交易平台或者银行内部转让，也可以质押贷款。（4）收益性较高。大额存单的利率通常是在央行基准存款利率的基础上，根据期限长短，上浮 30%～50%，因而远高于同期的银行定期存款利率。根据利率规定的不同，可分为固定利率大额存单和浮动利率大额存单。（5）起点高。暂行办法规定，针对个人投资人，大额存单的购买起点是 30 万元。2016 年 6 月，中国人民银行将最低起存点调整为 20 万元。针对机构，大额存单的购买起点是 1000 万元。

六、活期存款的替代：货币市场基金

（一）货币市场基金的出现

1971 年，世界上第一只货币市场基金诞生于美国，叫做储备基金（Reserve Fund），其目的就是为投资人保存现金并获取安全的小额回报。短短几年内，货币市场基金就在美国迅速发展，并带动公募基金整个行业发展。货币市场基金以固定收益公募基金的形式，把零售投资者的小额、分散的资金收集起来，集中投资于标的分散、流动性好的优质资产，并对投资剩余期限和剩余存续期有严格要求。普通投资者在满足流动性和日常现金管理需求的同时，可获取一定的收益。货币市场基金诞生的初衷就是满足普通投资者小额、分散的投资需求。由于货币市场基金具有风险低、流动性高的特点，美国货币市场基金管理公司允许个人投资者直接从投资账户开支票，这样就把投资于货币市场基金的证券账户变成了流动性管理账户。

我国货币市场基金起步于 2003 年底，首批 3 只货币市场型基金由华安、博时和招商 3 家基金公司分别获准发起。到 2004 年初，我国货币市场基金总份额达到 430 亿元。但总体由于申赎较为烦琐、申购门槛较高，未能有效触达其本身最适合的广大客户，反而是机构投资者在基金份额中的占比较高。移动互联网的普及让这一切有了转机。2013 年，余额宝出现，改变了货币市场基金行业的格局。余额宝产生之初的目的在于为消费者的零散消费资金做投资管理，在保持支付便捷的同时，让小额投资有合理的回报。由于可在手机上便捷操作、申购门槛低至 1 元、零手续费、随时可消费和赎回等优点，余额宝受到大众投资者欢迎。

2013 年 7 月 1 日，上线仅 18 天的余额宝用户数量突破 250 万户，并在 2016 年 12 月超过 3 户，其中，个人用户占比高达 99% 以上，0～1000 元的用户占比高达 70% 以上，1000～10000 元的用户比例超过 15%，持有人充分分散。在余额宝推出后，银行也相继开始大力推广类"宝宝"的货币基金，至 2021 年末，货币市场基金净值达到 94677.67 亿元。

（二）货币市场基金的特点

货币市场共同基金（Money Market Mutual Funds，MMMFs）是将众多的小额投资者的资金集合起来，由专门的经理人进行市场运作，赚取收益后按一定的期限及持有的份额进行分配的一种金融组织形式。我国《货币市场基金监督管理办法》规定，货币市场基金是指仅投资于货币市场工具，每个交易日可办理基金份额申购、赎回的基金。在基金名称中使用"货币""现金""流动"等类似字样的基金视为货币市场基金。

作为一种证券投资基金，货币市场基金运作方式也是集合投资、专业理财，但与股票基金、银行存款以及其他投资产品相比，其具有以下特点：

1. 风险性低

货币市场基金在投资方向上主要投资于风险极低的货币市场。我国规定货币市场基金应当投资于以下金融工具：现金；期限在 1 年以内（含 1 年）的银行存款、债券回购、中央银行票据、同业存单；剩余期限在 397 天以内（含 397 天）的债券、非金融企业债务融资工具、资产支持证券；中国证监会、中国人民银行认可的其他具有良好流动性的货币市场工具。货币市场基金不得投资于以下金融工具：股票；可转换债券、可交换债券；以定期存款利率为基准利率的浮动利率债券，已进入最后一个利率调整期的除外；信用等级在 AA + 级以下的债券与非金融企业债务融资工具；中国证监会、中国人民银行禁止投资的其他金融工具。

但仍然要认识到，货币市场基金并非存款。而银行存款是受到特殊保护特别是存款保险制度保障的。

2. 流动性强

这是货币市场基金最为重要的特点，特别是当前创新的货币市场基金在很大程度上代替了活期存款。

第一，货币市场基金的申购和赎回灵活，可以实现 7×24 小时全天候交易。特别是在赎回方面，可以在任何一个时间段内进行 T + 0 赎回操作，资金实时到账。不过，2018 年监管部门对这一 T + 0 赎回交易进行了额度限制，快速实时赎回的最高额度为 1 万元。货币市场基金申购和赎回一般无须收取申购、赎回费。

第二，货币市场基金的功能不断创新拓展，如将货币市场基金用于还贷、网上支付等；在特定领域可以用于支付的类似于货币或存款的功能，使其几乎无异于活期存款了。

第三，货币市场基金的基金份额可以在依法设立的交易场所交易，或者按照法律法规和合同约定进行协议转让。而银行存款是不能或难以转让的，因此，在转让变现这一特征上，货币市场基金强于银行存款。

3. 收益性更高

货币市场基金的收益方式是通过基金管理人的投资并将收益分配给基金持有人。相对于活期存款的低利息甚至无利息，货币市场基金的收益优势无疑很大。甚至相比于某些定期存款，货币市场基金的收益也是具有一定优势的，从而分流了大量银行存款。

在计息方式上，对于每日按照面值进行报价的货币市场基金，可以在基金合同中将收益分配的方式约定为红利再投资，并应当每日进行收益分配。当日申购的货币市场基金份额自下一个交易日起享有基金的分配权益，当日赎回的基金份额自下一个交易日起不享有基金的分配权益，并且每日结清并分配所获收益。

知识拓展及思政项目：警惕高息揽储

高息揽储是指银行在办理储蓄存款业务过程中，违反利率规定提高存款利率，或者擅自支付手续费、补贴、实物等变相抬高利率的一种揽储方法。近些年来，我国银行以存款创新为名，纷纷开展智能存款、互联网存款、结构性存款等，其实质也是高息揽储。监管部门也相应采取了监管限制。

高息揽储，危害不浅：（1）银行揽储成本过高，只能把存款投向高收益、高风险的项目上，这样储户的存款风险就会上升。（2）会导致银行存款无序竞争。经营不好的银行，拉不到存款，就利用高利率诱惑老百姓存款，从而导致其他银行不得不跟上，整个银行存款秩序或者存款利率水平会被比较差的银行引领。（3）会推高银行存款利率整体水平，从而导致贷款利率很难降下来，企业融资成本增加，经营困难。

知识点 10　借贷的性质

一、借贷/高利贷简史

不同社会对借贷和高利贷的界定和认识存在不同。西欧国家在很长时间内认为所有的借贷行为都是高利贷，高利贷是罪恶的，所有的借贷行为都是道德败坏和应该被禁止的。我国历史上很多时候将过高利息的、不合理的高利贷与一般借贷相区分，一般的借贷是被允许的，而超过政府限定利息的高利贷是不合法的。

（一）借贷/高利贷观念的演变

1. 西方国家对借贷/高利贷的认识

古希腊时期，西方国家已经出现民间借贷行为，柏拉图和亚里士多德对货币和借贷都有过研究和表述。法国中世纪社会史学家阿利埃斯·杜比就曾描述，在古罗马时代，高利贷已经开始大量出现，"像嫁妆、农田和遗产一样，高利贷被认为是一种获取财富的高尚的方法"。

中世纪时期，欧洲国家开始吸取古罗马时代高利贷行为破坏社会经济的教训，认为高利贷是没有节制地剥削穷人，严重地削弱了国家经济，有悖于人类社会长期形成的道德标准，应当严格限制甚至全面禁止。这就是贯穿整个中世纪、影响到几乎整个西欧经济社会发展的基督教会高利贷禁令。基督教规将高利贷与"贪婪"和"可耻收益"联系在一起，并进一步认为高利贷是"犯罪"和"理应严惩"。而此时，教会眼中的"高利贷"，或者说教会对高利贷的界定，是指放贷者从放贷本金中获取额外收益的活动，即放贷取息。这和今天的"高利贷"——通过放贷向借款人收取过高的、非法的利息有着明显的区别。

在基督教会的高利贷禁令背景之下，中世纪西欧犹太人的高利贷活动是一种特别的存在，面临的境遇特别尴尬。一方面，基督教禁止高利贷为犹太人开展高利贷活动提供了有利条件；另一方面，虽然从理论上讲犹太高利贷者没有包含在基督教会的高利贷禁令的管辖范围之内，但是由于他们的高利贷活动在基督教界内进行并且时常让基督徒卷入债务困境，从而威胁到基督徒的利益，所以基督教会在实际的立法或法律实践中不时地表现出对犹太高利贷者的敌意，并在舆论谴责甚至人身攻击上打压犹太人。虽然在当时不乏存在某种力量（如国王）保护犹太高利贷者的特例，但更多的是世俗政权驱逐犹太高利贷者并且剥夺他们的既有财产。

随着全球化贸易活动迅速发展，英国国王亨利八世废除了早先禁止高利贷的法律，允许 10% 利率以内的借贷行为，并规定对利率超过 10% 的高利贷行为给予严厉处罚。其实质是间接地承认了高利贷行为的合法性。但高利贷行为此时还是要受到谴责，被世俗看作不道德交易。1552 年，爱德华六世撤销了亨利八世的高利贷法案，规定任何形式的高利贷都应当受到惩罚——"按照教会的旨意，应当绝对禁止高利贷。一切高利贷被认为是一种十分可恶的罪行。"

随着新教改革和英国工商业迅猛发展，到 16 世纪后期，以工厂主、船主和商人为代表的新兴资产阶级占有大量的社会财富，重商主义思想广为传播，资产阶级开始争取社会地位和政治话语权。1624 年，国会通过高利贷法律，允许那些高于合理利息而低于过高利率的高利贷行为。18 世纪 60 年代，人们对高利贷在认识上发生了彻底转变，封建政教政权对高利贷的强制性限制被进一步放宽，推动了自由资本主义迅猛发展。此后，资本主义社会进入自由资本主义阶段，并且随着古典经济学理论的传播，高利贷资本发展的法律限制逐步被予以完全解除。

2. 我国对借贷/高利贷的认识

自秦代以来，我国历朝历代均有关于高利借贷的记载。但与西方社会对借贷的认识不一样，中国历史上一直都不禁止放贷取息的行为，也即放贷取息是被社会接受和认可的，只是在某些时候颁布了对过高利息借贷的禁令。例如，大明律例规定：凡私放钱债及典当财物，每月取利并不得过三分。年月虽多，不过一本一利；违者，笞四十，以余利计赃，重者坐赃论。清朝自建立之初，也在大明律例的基础上，着手对违禁取利的典当和借贷行为进行法律规范。

新中国成立后，社会阶层和社会关系发生了巨大变化，高利贷作为时代的罪恶被打倒了，"大一统"的生产和分配体制也消灭了所有的借贷活动。直至改革开放以后，金融体制改革，商业银行涌现，以银行贷款为核心的借贷体系开始建立起来。随着社会主义市场经济体制的建立和发展，民间借贷也随之再度出现和发展。对于民间借贷的认识，一方面从制度上承认和保护合法的民间借贷行为，并将其视为金融体系的一个重要补充；另一方面反对高利贷活动，并从民事效力和刑事规制上抑制和打击非法高利贷活动。

（二）我国早期借贷组织的发展

1. 合会

合会是人们在生产、生活中，经过长期的积累、发展和演变起来的一种互助形式，早期涉及的资源主要是劳动、粮食和其他器具等，后来发展成资金互助，既是协会内部成员的一种共同储蓄活动，也是成员之间的一种轮番提供信贷的活动。

合会都会遵循一套简单规则：一个自然人作为会首，出于某种目的（如孩子结婚、上学，造房子，买生产原料等）组织起有限数量的人员，每人每期（每月、每隔一月、每季、每半年、每年等）拿出约定数额的会钱，每期有一个人能得到集中在一起的全部当期会钱（包括其他成员支付的利息），并分期支付相应的利息。谁在哪一期收到会钱，由抽签或者对利息进行投标等方式来确定。合会不是一个永久性组织，在所有成员以轮转方式各获得一次集中在一起的会钱之后，一般即告终结。

2. 典当

典当是人类最古老的行业之一，堪称现代金融业的鼻祖，也是抵押银行的前身。中国是世界上最早出现典当活动并形成典当业的国家之一。经考证，中国的典当业萌芽于东西两汉，肇始于南朝佛寺长生库，入俗于唐五代市井，立行于南北宋朝，兴盛于明清两代，衰落于清末民初，被取缔于 20 世纪 50 年代，而复兴于当代改革开放，经历了1600 多年的历史沉浮。

典当是以收取物品作抵押、发放高利贷的一种机构。中国历代典当名目繁多，有称"当铺""押店""质库""解库""典铺""长生库"等。旧时中国，典当多以收取衣物等动产作为抵押品，按借款人提供的质押品价值打折扣，贷放现款，定期收回本金和利息。到期不能赎取，质押品由当铺没收，也有的典当可用不动产作质押品。

3. 钱庄、银号

钱庄是中国封建社会后期出现的一种金融组织，最初的业务主要是货币兑换，开始时也有由商铺兼营的，后来便由专门机构经营了。在明朝万历年间及稍后时期的书籍中已有"钱店""钱铺""钱庄"的名称。"庄"一般比"店""铺"规模大，所以初期称钱店、钱铺，后来业务不断扩大，就改称钱庄。钱庄和银号的名称通常无多大差别，华北、东北各地多称银号，长江中下游及东南各地则钱庄、银号两种名称都有。

在业务上，钱庄早期主营货币兑换、有价票据买卖、倾熔银锭、金银买卖，后来发展到主营抵押贷款、信用放贷，银票、钱票、会票发行、收解汇划，汇兑存款，兼营货币兑换，初步具有了现代银行的雏形。

4. 票号

早期当铺、钱庄等的出现，为票号的产生创造了条件。票号的出现是为了解决两地之间贸易货款交付时的运现困难，改为使用汇票后就可以解决异地商品交换的支付和清算问题。票号产生的时间说法不一，通常认为是由清代山西商人雷履泰的天津西裕成颜料庄在道光初年演变而成。因票号多为山西人开设，又被称为"山西票号"或"西号"。

票号资本比钱庄雄厚，票号主营汇兑，兼营抵押放贷、货币兑换和金银保管。钱庄的资本薄弱，须向票号借贷。票号与钱庄的性质、组织和营业范围不同，且可互补。钱庄的性质是兑换，票号是汇兑；钱庄的营业范围只限于本地，不在外埠设分店，票号则分庄遍布全国各大商埠。在存放款业务上，票号的存款以官款为大宗，放款只借给钱庄、官吏及殷实商号，钱庄的存放款则以一般商人为对象。

5. 印局

明朝末年，由于农村土地兼并严重，很多农民失去土地，成为流民，流入城市，以出卖劳动力为生，或拉脚送货，或充当杂役，或肩挑贩卖，他们收入微薄且不固定。这些人常常为吃饭穿衣犯愁，当铺借贷需要实物抵押，他们又没有可以抵押的财产，当铺自然不会提供贷款给这些城市贫民。于是，社会上就产生了一种短期的（晨借夕还或者三五日以至十数日归还）不用抵押品的融资机构，这就是印局。因为借钱时需要借钱人与印局订立合约，签名盖章，还钱时也要盖印章，亦称"印子钱"。由于印局放款没有抵押，风险比典当高，自然放款利息也就高于典当。

印局放款有几个特点：（1）放款对象一般是城市贫民，包括出卖劳动、从事搬运和肩挑贸易、做小本生意短缺资本的城镇游民，也包括乐户或妓女个人等。（2）短期小额贷款。借额一般为百文、千文（串）、数千文，期限一般以1日、10日、30日为限，常常早借晚还或7日为限。（3）印局放款需要保人。借款之先，由熟人介绍，与借款人同至印局，三面言定，由借款人出立借据，保证人同时签字，才能生效。（4）印局放款需要扣头。如借银700两，按"四扣三分行息"，即借款契约写700两，实际借款人拿到手的是280两，还得以700两借款月息3分付息，到期按本金700两另加利息归还。（5）借款人可以分次归还，举例如：放钱10吊，以1月为期，每月2分行息，合计本利共为10吊零200文，再以30日除之，每日应还本利钱为340文。

在业务上，当铺以抵押放贷为主，钱庄以信用贷款当家，票号以货币汇兑称王。以实力排名，票号第一，钱庄第二，当铺第三。从经营对象看，当铺面向穷苦大众，范围最广；钱庄联系小型商贸业，市场较大；票号紧贴官府、钱庄、巨富，收益不少。就机构设置看，票号有总号分号之分，广设分号；钱庄少见分号；当铺独立经营，各自为政。

二、我国当前民间借贷的发展与规范

改革开放后，民间借贷逐渐恢复，不过在很长一段时间都处于地下状态。民间借贷是以贷款业务为业的金融机构以外的其他民事主体之间订立的，以资金的出借及本金、利息返还为主要权利义务内容的民事法律行为。长期以来，民间借贷作为一种广泛存在的民间资金融通活动，是平等民事主体之间的经济互助行为，在一定程度上满足了社会融资需求，是多层次信贷市场的重要组成部分。民间借贷凭借其形式灵活、手续简便、融资快捷等特点，为人民群众生产生活带来了诸多便利，满足了社会多元化融资需求，一定程度上也缓解了中小微企业融资难、融资贵的问题。但由于其游离于正规金融体系之外，自身带有混乱、无序的弊端，故在逐利动机驱使下容易发生性质变异，并随之诱发一系列负面效应。

因此，针对民间借贷，我国一方面承认合理的、作为社会融资体系补充的民间借贷，并受法律保护；另一方面对非法借贷，从民事效力、刑事打击的角度加以抑制。

（一）民间借贷的合法化

1999年，《中华人民共和国合同法》的出台，从法律层面承认了民间借贷合同的效力。该法废止后，2020年5月颁布的《中华人民共和国民法典》继承了这一点，并明确规定"禁止高利放贷，借款的利率不得违反国家有关规定"。

最高人民法院于2015年8月颁布了《最高人民法院关于审理民间借贷案件适用法律若干问题的规定》，既规范了民间借贷行为，统一了法律适用的标准，又解决了大量民间借贷纠纷案件中的实体与程序问题，受到国内外媒体广泛关注和高度肯定。2020年8月18日通过的《最高人民法院关于修改〈关于审理民间借贷案件适用法律若干问题的规定〉的决定》，对民间借贷的审理又进一步进行了规范。

1. 尊重当事人意思自治，依法确认和保护民间借贷合同的效力

尊重当事人的意思自治，是处理民间借贷纠纷应当坚持的一项重要原则。民间借贷作为借款合同的一种形式，应当坚持自愿原则，即借款人与贷款人之间有权按照自己的意思设立、变更、终止民事法律关系。借贷双方可以就借款期限、利息计算、逾期利息、合同解除进行自愿协商，并自愿承受相应的法律后果。只有恪守自愿原则，才能充分发挥民间借贷在融通资金、激活市场方面的积极作用。同样，民间借贷作为民事主体从事的民事活动，不得违反法律、行政法规的强制性规定，不得违背公共秩序和善良风俗。

但以下民间借贷合同无效：套取金融机构贷款转贷的；以向其他营利法人借贷、向本单位职工集资，或者以向公众非法吸收存款等方式取得的资金转贷的；未依法取得放贷资格的出借人，以营利为目的向社会不特定对象提供借款的；出借人事先知道或者应当知道借款人借款用于违法犯罪活动仍然提供借款的；违反法律、行政法规强制性规定的；违背公序良俗的。

2. 调整民间借贷利率的司法保护上限，推动民间借贷利率与经济社会发展水平相适应

民间借贷的利率是民间借贷合同中的核心要素，也是当事人意思自治与国家干预的重要边界。最高人民法院在认真听取社会各界意见并征求金融监管部门意见建议的基础上决定：以中国人民银行授权全国银行间同业拆借中心每月 20 日发布的 1 年期贷款市场报价利率的 4 倍为标准确定民间借贷利率的司法保护上限，取代原规定中"以 24% 和 36% 为基准的两线三区"的规定，大幅度降低民间借贷利率的司法保护上限，促进民间借贷利率逐步与我国经济社会发展的实际水平相适应。以 2020 年 7 月 20 日发布的 1 年期贷款市场报价利率 3.85% 的 4 倍计算为例，民间借贷利率的司法保护上限为 15.4%，相较于过去的 24% 和 36% 有较大幅度的下降。

出借人主张的逾期利率、违约金、其他费用之和也不得高于民间借贷利率的司法保护上限。即出借人与借款人既约定了逾期利率，又约定了违约金或者其他费用，出借人可以选择主张逾期利息、违约金或者其他费用，也可以一并主张，但总计超过合同成立时 1 年期贷款市场报价利率 4 倍的部分，人民法院不予支持。

（二）打击非法借贷

在 20 世纪 80 年代中后期的温州，由于高利润的诱惑以及政府管控的缺失，民间集资组织"抬会"盛行，最终爆发了危机。

近年来，对外出借资金行为背离民间借贷本质的问题仍愈演愈烈，一些已经脱离民间借贷个体的、偶然的、互助式的存在模式，演化为出借人的经常性谋利手段，并向着资本运作方式规模化发展，客观上已经形成一种未经有权部门批准、未取得合法资质即从事发放贷款业务的非法金融业务活动。非法放贷活动不仅扰乱金融市场秩序，而且易于滋生黑恶势力，引发各类伴生和次生违法犯罪活动，是扫黑除恶专项斗争聚焦的重点领域之一。

但在实践中，非法放贷行为缺乏明确、统一的认定标准，是否应对非法放贷行为追究刑事责任、应对哪些非法放贷行为追究刑事责任、应以何种罪名追究刑事责任也均存在认识分歧。2019 年 10 月 21 日施行的《最高人民法院、最高人民检察院、公安部、司

法部关于办理非法放贷刑事案件若干问题的意见》对此作出了规定。

1. 针对违反国家规定，未经监管部门批准，或者超越经营范围，以营利为目的，经常性地向社会不特定对象发放贷款，扰乱金融市场秩序，情节严重的，依照刑法第二百二十五条第（四）项的规定，以非法经营罪定罪处罚。"经常性地向社会不特定对象发放贷款"，是指2年内向不特定多人（包括单位和个人）以借款或其他名义出借资金10次以上。贷款到期后延长还款期限的，发放贷款次数按照1次计算。

2. 以超过36%的实际年利率实施符合本意见第一条规定的非法放贷行为，具有下列情形之一的，属于刑法第二百二十五条规定的"情节严重"，但单次非法放贷行为实际年利率未超过36%的，定罪量刑时不得计入：个人非法放贷数额累计在200万元以上的，单位非法放贷数额累计在1000万元以上的；个人违法所得数额累计在80万元以上的，单位违法所得数额累计在400万元以上的；个人非法放贷对象累计在50人以上的，单位非法放贷对象累计在150人以上的；造成借款人或者其近亲属自杀、死亡或者精神失常等严重后果的。

具有下列情形之一的，属于刑法第二百二十五条规定的"情节特别严重"：个人非法放贷数额累计在1000万元以上的，单位非法放贷数额累计在5000万元以上的；个人违法所得数额累计在400万元以上的，单位违法所得数额累计在2000万元以上的；个人非法放贷对象累计在250人以上的，单位非法放贷对象累计在750人以上的；造成多名借款人或者其近亲属自杀、死亡或者精神失常等特别严重后果的。

3. 非法放贷数额、违法所得数额、非法放贷对象数量接近本意见第二条规定的"情节严重""情节特别严重"的数额、数量起点标准，并具有下列情形之一的，可以分别认定为"情节严重""情节特别严重"：2年内因实施非法放贷行为受过行政处罚2次以上的；以超过72%的实际年利率实施非法放贷行为10次以上的。前款规定中的"接近"，一般应当掌握在相应数额、数量标准的80%以上。

4. 仅向亲友、单位内部人员等特定对象出借资金，不得适用本意见第一条的规定定罪处罚。但具有下列情形之一的，定罪量刑时应当与向不特定对象非法放贷的行为一并处理：通过亲友、单位内部人员等特定对象向不特定对象发放贷款的；以发放贷款为目的，将社会人员吸收为单位内部人员，并向其发放贷款的；向社会公开宣传，同时向不特定多人和亲友、单位内部人员等特定对象发放贷款的。

5. 非法放贷数额应当以实际出借给借款人的本金金额认定。非法放贷行为人以介绍费、咨询费、管理费、逾期利息、违约金等名义和以从本金中预先扣除等方式收取利息的，相关数额在计算实际年利率时均应计入。非法放贷行为人实际收取的除本金之外的全部财物，均应计入违法所得。非法放贷行为未经处理的，非法放贷次数和数额、违法所得数额、非法放贷对象数量等应当累计计算。

6. 为从事非法放贷活动，实施擅自设立金融机构、套取金融机构资金高利转贷、骗取贷款、非法吸收公众存款等行为，构成犯罪的，应当择一重罪处罚。为强行索要因非法放贷而产生的债务，实施故意杀人、故意伤害、非法拘禁、故意毁坏财物、寻衅滋事等行为，构成犯罪的，应当数罪并罚。纠集、指使、雇用他人采用滋扰、纠缠、哄闹、聚众造势等手段强行索要债务，尚不单独构成犯罪，但实施非法放贷行为已构成非法经营罪的，应当按照非法经营罪的规定酌情从重处罚。

7. 有组织地非法放贷，同时又有其他违法犯罪活动，符合黑社会性质组织或者恶势力、恶势力犯罪集团认定标准的，应当分别按照黑社会性质组织或者恶势力、恶势力犯罪集团侦查、起诉、审判。黑恶势力非法放贷的，据以认定"情节严重""情节特别严重"的非法放贷数额、违法所得数额、非法放贷对象数量起点标准，可以分别按照本意见第二条规定中相应数额、数量标准的 50% 确定；同时，具有本意见第三条第一款规定情形的，可以分别按照相应数额、数量标准的 40% 确定。

三、我国银行贷款与非银行金融机构贷款业务的发展与变迁

（一）银行贷款发展的历程

1978 年，党的十一届三中全会召开，标志着中国进入了改革开放的新的历史时期。1979 年 10 月，邓小平同志提出"把银行作为发展经济、革新技术的杠杆，要把银行办成真正的银行。"1979 年 3 月，中国农业银行、中国银行从中国人民银行中正式分离出来。1983 年 9 月，国务院作出《关于中国人民银行专门行使中央银行职能的决定》，同时设立中国工商银行，由此，我国逐步形成了以中国人民银行为领导、4 家国有专业银行为主体的二元银行制度体系。之后，我国商业银行信贷资金管理体制几经变迁。1995 年，《商业银行法》颁布，我国商业银行体制进入市场化改革，信贷体制也逐步进入一个全新的发展阶段。总体来讲，改革开放以来，我国商业银行信贷体制大致经历了以下几个阶段，信贷制度得到了逐步构建和完善。

1. 差额包干阶段

为了适应金融体制改革和商品经济发展的需要，中国对原先的统收统支计划信贷配置制度进行了改革。1980 年，中国开始在全国范围内试行"统一计划、分级管理、存贷挂钩、差额包干"的管理体制。具体内容为：一是统一计划。中国人民银行统一编制信贷差额包干计划，统一核定包干差额，包给专业银行和人民银行分行。二是分级管理。在国家统一计划指导下，中国人民银行直接管理信贷资金来源和贷款，中国人民银行将贷款资金分配给各专业银行总行和各人民银行分行，各专业银行总行及分行再将信贷资金分配给分支行机构，形成按层级在信贷资金包干范围内确定各级银行权责的模式。三是存贷挂钩。各家银行的贷款在规定的包干项目基础上，按照存款吸纳额度决定放款额度。只要在支持计划包干项目内，多吸纳存款就可以多发放贷款；吸纳存款不足或贷款无法按时回收的，则必须少发放贷款。四是差额包干。差额包干计划具有强制性，各级机构必须完成存款大于贷款的存差任务，严禁贷款大于存款的贷差出现。

2. 实存实贷阶段

1984 年，国内金融体系已经转型为"以中央银行为领导、各家专业性银行为信贷发放主体、搭配有其他多元化金融机构"的局面。这种新型的金融市场体系对"差额包干"体制产生了强烈的制度变迁需求。为了及时弥补信贷制度的不足，中国人民银行颁布《信贷资金管理试行办法》，全面实行"统一计划、划分资金、实贷实存、相互融通"的信贷管理体制，具体内容如下：

（1）统一计划。中国人民银行与各专业银行的信贷资金，完全遵照国家综合信贷计划来使用，具体指导由中国人民银行总行通过编制综合平衡汇总方式来落实。各专业银

行总行将全行信贷资金计划报至中国人民银行总行核定，各级专业银行将信贷资金计划分别报送上级行，同时报送同级中国人民银行，最终汇总至中国人民银行总行核定。中国人民银行根据信贷资金汇总需求和信贷计划控制目标确定专业银行的贷款规模与货币发行数量，并借助下达的信贷计划来控制信贷投放领域和项目。

（2）划分资金。中国人民银行将专业银行持有的自有资本金与已吸收的社会公众存款、企业存款、农村存款等按照比例分拨给各家专业银行总行，专业银行再在各自全行范围内，针对已经获得的信贷营运资金开展独立的信贷资金配置与信贷业务自主经营。此外，将财政金库存款、地方财政预算、基本建设存款等财政性存款划给人民银行。中国人民银行分别委托专业银行办理存款业务，但是不允许专业银行占用该部分资金。

（3）实贷实存。中国人民银行与专业银行按照上贷下存的实贷实存办法安排资金往来。其中，上贷是指中国人民银行对各专业银行资金分配的借款方式。当专业银行申报的借款计划被核定后，中国人民银行总行向所属省、自治区、直辖市分行下达资金分配指令。在计划借款额度内，中国人民银行省、自治区、直辖市分行按照专业银行的资金需要和用款进度向同级专业银行分行一次性或多次发放贷款。下存是指中国人民银行对专业银行借款使用的管理方式。各专业银行省级分行需要将获得的贷款存入所属行同级人民银行专用存款账户，各级银行可以支用账户内资金进行放贷，如果存款账户没有存款余额，则不能透支使用。

（4）相互融通。为了进一步灵活使用信贷资金，发挥同业间横向调剂的优势，一个地区内的资金融通主要依靠各专业银行之间的相互拆借。当地人民银行分行可以将一家专业银行所需存款和贷款之外的剩余额度临时调配给另一家资金需求大的专业银行使用。

此外，实存实贷信贷资金管理体制还涵盖了存款准备金缴存管理、专业银行存款及利率管理、信贷运行情况监测管理以及配套联行体制改革等方面。随着社会主义商品经济发展和金融制度改革的持续推进，1986年，中国人民银行制定了《关于完善信贷资金管理办法的规定》《中国人民银行关于贷款管理暂行办法》，对实存实贷信贷资金管理体制进行完善。

3. 资产负债比例管理制度的实施

20世纪90年代，为顺应市场经济体制改革的新需求，国家不断采取措施和推进实存实贷体制过渡。1991年，优化贷款限额管理模式，实行专业银行总行和中国人民银行分行"双线"控制，并以专业银行总行为主的办法。中国人民银行对信贷资金和规模实行条块结合的管理办法。1992年，中国人民银行开始推行贷款全额管理，进一步完善中国人民银行贷款管理办法。其中，在再贷款利率设置上，打破了中国人民银行供应的"大锅饭"体制，凸显出市场化的色彩。1993年，中国人民银行对各家专业银行的贷款规模控制作出调整，除国家确定的专项贷款外，不再分项目下达，在中国人民银行给定的贷款规模内，各家专业银行可以根据国家产业政策、市场需求以及自身效益来自主决定信贷投向哪里、是否投放、投放多少，专业银行的经营自主权得到了进一步释放。1994年初，中国人民银行下达了《关于对商业银行实行资产负债比例管理的通知》，在贷款规模控制的同时，中国人民银行对各家商业银行实行贷款限额管理下的资产负债比例管理，即"总量控制、比例管理、分类指导、市场融通"。这意味着，在信贷经营与管理制度改革建设方面，中国商业银行拉开了学习西方发达国家商业银行管理制度经验的序幕，主动全过程地经营与管理银行资产与负债，最终确立现代商业银行经营的三原则，即安全性、流动性和盈利性。但是这个时期，限额管理仍占主导地位，直到 1998 年，资产负债比例管理体制才正式建立起来。

1998 年 1 月 1 日起，中国人民银行参照国际先进的管理方式，正式取消了商业银行贷款规模控制管理的模式，由贷款计划分配的直接干预转向间接调控。间接管理包含资产负债比例管理和风险管理，即"计划指导、自求平衡、比例管理、间接调控"。商业银行信贷发放只受人民银行年度（季度）计划的指导。与此同时，中国人民银行下发了《关于进一步加强贷款管理有关问题的通知》，强调商业银行在信贷决策中应关注企业的经济状况、信贷资格以及经营者品质等全面指标。

4. 市场化信贷管理制度的建立和完善

1995 年 3 月 18 日，国家出台了《中华人民共和国中国人民银行法》，以法律形式明确了中国人民银行在金融体系内的监管地位和具体职责。同年 5 月 10 日，《中华人民共和国商业银行法》颁布，确定了信贷业务安全性、流动性、盈利性的管理原则。《中华人民共和国民法通则》《中华人民共和国合同法》《中华人民共和国票据法》《中华人民共和国担保法》等纷纷颁布，分别对资金借贷行为中借贷双方的权利和义务，银行借贷合同的法律规范性，票据承兑和贴现等法律责任以及贷款涉及的担保方式、效力、法律责任等作出了明确规定。

1996 年 4 月 1 日，中国人民银行开始实施《贷款证管理办法》，同年 6 月，又下发了《主办银行管理暂行办法》，开始试点建立以主办银行为信贷风险控制主体的新型商业银行信贷管理模式，推动建立新型的银企合作关系。1996 年 6 月，人民银行颁布《贷款通则》，针对信贷全过程全面推行客户信用评级制度、审贷分离制度、贷款担保抵押制度、贷款质量监控制度、信贷工作岗位责任制度以及信贷违规处罚制度等一系列具体的信贷制度。1996 年，中国人民银行印发《商业银行授权、授信管理暂行办法》，明确了商业银行法人授权制度和授信管理制度的相关规定，指导各家商业银行逐步完善法人授权和授信管理的管理体系。

1998 年，中国人民银行参照国际惯例制定了《贷款风险分类指导原则（试行）》，要求各家商业银行依据借款人的实际还款能力进行贷款质量的五级分类。1999 年 7 月，中国人民银行发布了《中国人民银行关于全面推行贷款五级分类工作的通知》，要求国有商业银行、股份制商业银行、政策性银行以及城市商业银行在试点的基础上实施贷款风险分类办法，计划从 2001 年 12 月起，商业银行开始全面推行贷款质量五级分类管理。1999 年 1 月，中国人民银行颁布《商业银行实施统一授信制度指引》，要求各商业银行设计风险分析评估模型，确定客户的最高授信额度。

巴塞尔协议作为国际同业组织制定的商业惯例在我国商业银行得到推行，特别是2004 年 2 月，银监会颁布了《商业银行资本充足率管理办法》。该管理办法在 1988 年的巴塞尔协议的基础上，吸收了部分新巴塞尔协议的内容而形成，特别强调了对银行的资本充足率进行市场约束监管的作用与地位，还就有关银行资本充足率等关键信息的披露作出了详细规定。

2009 年至 2010 年，银监会推出"三个办法一个指引"，即《固定资产贷款管理暂行办法》《流动资金贷款管理暂行办法》《个人贷款管理暂行办法》和《项目融资业务指引》，构建和完善了我国银行业金融机构的贷款业务法规框架。

2011年7月27日，为加强审慎监管，提升商业银行贷款损失准备的动态性和前瞻性，增强商业银行风险防范能力，促进商业银行稳健运行，银监会推出《商业银行贷款损失准备管理办法》。

针对互联网技术在银行信贷中的运用，为规范商业银行互联网贷款业务经营行为，促进互联网贷款业务健康发展，2020年4月，银保监会颁布《商业银行互联网贷款管理暂行办法》，对商业银行互联网贷款业务的定义与边界、风险治理与管控、数据与模型、信息科技管理、外部合作等方面制定了详细的监管指引。

（二）非银行金融机构贷款业务的逐步推出

我国非银行金融机构也开始逐步涉足贷款业务，主要是与其机构特色相关的贷款业务，包括信托贷款、保险公司贷款、证券公司贷款、消费金融公司贷款、汽车金融公司贷款、小额贷款公司贷款等。

1. 信托贷款

2007年3月1日起施行的《信托公司管理办法》规定，信托公司可以申请经营以下资金信托业务。

信托公司开展资金信托，其中以贷款方式运用信托资金，是资金信托的主要运用形式。信托贷款是指受托人接受委托人的委托，将委托人存入的资金，按其（或信托计划中）指定的对象、用途、期限、利率与金额等发放贷款，并负责到期收回贷款本息的一项金融业务。

2. 保险公司贷款

自2018年4月1日起施行的《保险资金运用管理办法》规定，保险资金运用限于下列形式：银行存款；买卖债券、股票、证券投资基金份额等有价证券；投资不动产；投资股权；国务院规定的其他资金运用形式。其中没有明确规定保险公司是否可以开展贷款业务。但本办法第十八条规定，保险集团（控股）公司、保险公司从事保险资金运用，不得将保险资金运用形成的投资资产用于向他人提供担保或者发放贷款，个人保单质押贷款除外。

2020年10月29日，中国银保监会发布《人身保险公司保单质押贷款管理办法（征求意见稿）》。保单质押贷款是指人身保险公司按照保险合同的约定，以投保人持有的保单现金价值为质，向投保人提供的一种短期资金支持，是基于保险主业的一项附属业务，是为便利投保人而对其开展的保单增值服务。

3. 证券公司融资融券业务

2006年6月30日，证监会发布《证券公司融资融券业务试点管理办法》。2010年3月31日，我国融资融券交易试点启动，正式进入市场操作阶段。融资融券业务是指证券公司向客户出借资金供其买入证券或出借证券供其卖出证券的业务。融资融券交易分为融资交易和融券交易两类，客户向证券公司借入资金买入证券叫融资交易，客户向证券公司借入证券卖出证券为融券交易。

4. 消费金融公司贷款

2009年7月，银监会颁布《消费金融公司试点管理办法》，2013年11月修订公布，为消费金融公司的准入、监管和规范经营提供了重要法律保障。

消费金融公司，是指经银监会批准，在中华人民共和国境内设立的，不吸收公众存款，以小额、分散为原则，为中国境内居民个人提供以消费为目的的贷款的非银行金融机构。经银监会批准，消费金融公司可以经营下列部分或者全部人民币业务：发放个人消费贷款；接受股东境内子公司及境内股东的存款；向境内金融机构借款；经批准发行金融债券；境内同业拆借；与消费金融相关的咨询、代理业务；代理销售与消费贷款相关的保险产品；固定收益类证券投资业务；经银监会批准的其他业务。

消费贷款是指消费金融公司向借款人发放的以消费（不包括购买房屋和汽车）为目的的贷款。消费金融公司向个人发放消费贷款不应超过客户风险承受能力且借款人贷款余额最高不得超过人民币 20 万元。

5. 汽车金融公司贷款

2008 年 1 月 24 日，银监会发布《汽车金融公司管理办法》。经银监会批准，汽车金融公司可从事下列部分或全部人民币业务：接受境外股东及其所在集团在华全资子公司和境内股东 3 个月（含）以上定期存款；接受汽车经销商采购车辆贷款保证金和承租人汽车租赁保证金；经批准，发行金融债券；从事同业拆借；向金融机构借款；提供购车贷款业务；提供汽车经销商采购车辆贷款和营运设备贷款，包括展示厅建设贷款和零配件贷款以及维修设备贷款等；提供汽车融资租赁业务（售后回租业务除外）；向金融机构出售或回购汽车贷款应收款和汽车融资租赁应收款业务；办理租赁汽车残值变卖及处理业务；从事与购车融资活动相关的咨询、代理业务；经批准，从事与汽车金融业务相关的金融机构股权投资业务；经银监会批准的其他业务。

2004 年 8 月 16 日，中国人民银行、中国银行业监督管理委员会发布《汽车贷款管理办法》；2017 年 10 月 13 日修订发布。汽车贷款是指贷款人向借款人发放的用于购买汽车（含二手车）的贷款，包括个人汽车贷款、经销商汽车贷款和机构汽车贷款。汽车贷款利率按照中国人民银行公布的贷款利率规定执行，计结息办法由借款人和贷款人协商确定。汽车贷款的贷款期限（含展期）不得超过 5 年，其中，二手车贷款的贷款期限（含展期）不得超过 3 年，经销商汽车贷款的贷款期限不得超过 1 年。

自用车是指借款人通过汽车贷款购买的不以营利为目的的汽车；商用车是指借款人通过汽车贷款购买的以营利为目的的汽车；二手车是指从办理完注册登记手续到达到国家强制报废标准之前进行所有权变更并依法办理过户手续的汽车；新能源汽车是指采用新型动力系统，完全或者主要依靠新型能源驱动的汽车，包括插电式混合动力（含增程式）汽车、纯电动汽车和燃料电池汽车等。

6. 贷款公司/小额贷款公司贷款

2007 年 1 月 22 日，银监会发布《贷款公司管理暂行规定》。2009 年 8 月 11 日，银监会发布《贷款公司管理规定》。贷款公司是指经中国银行业监督管理委员会依据有关法律、法规批准，由境内商业银行或农村合作银行在农村地区设立的专门为县域农民、农业和农村经济发展提供贷款服务的非银行业金融机构。贷款公司是由境内商业银行或农村合作银行全额出资的有限责任公司。贷款公司开展业务，必须坚持为农民、农业和农村经济发展服务的经营宗旨，贷款的投向主要用于支持农民、农业和农村经济发展。贷款公司发放贷款应当坚持小额、分散的原则，提高贷款覆盖面，防止贷款过度集中。

2008 年 5 月 4 日发布的《中国银行业监督管理委员会、中国人民银行关于小额贷款公司试点的指导意见》规定，小额贷款公司是由自然人、企业法人与其他社会组织投资设立，不吸收公众存款，经营小额贷款业务的有限责任公司或股份有限公司。小额贷款公司在坚持为农民、农业和农村经济发展服务的原则下自主选择贷款对象。小额贷款公司发放贷款，应坚持"小额、分散"的原则，鼓励小额贷款公司面向农户和微型企业提供信贷服务，着力扩大客户数量和服务覆盖面。

四、银行贷款与非银行贷款的差异

银行贷款的利率费用显著低于非银行渠道，而在申请条件、期限、额度等贷款要素设计方面的不同则是基于不同的风险控制策略。更加清楚地理解二者的本质区别，则在于阐明银行的存款创造功能。

1. 银行的存款创造及其条件

存款创造是指在整个银行体系中，新注入的一笔存款通过银行发放贷款、购买有价证券等方式能产生数倍的银行存款，这一过程称为存款创造。在具体的一笔银行贷款业务中，银行不仅可以获取贷款的利息，而且还能等量地增加银行的存款规模，而这又可以成为银行下一笔贷款业务的资金。因此，在银行贷款业务中，银行会高度重视这种派生存款对银行的贡献。

而银行的存款创造，也需要具备两个条件：部分准备金制度和非现金结算制度。

（1）部分准备金制度。在这种制度下，当客户在银行存入一笔现金或者转账存款之后，银行不必将这笔金额都放入保险柜中或者存入中央银行，以等待客户来提取，而只要保证一定的比例作为准备金就可以了，其余的可以贷出去或者用来购买证券。正是在银行将存款者存款的一部分用于贷款或购买证券的过程中，新的存款被创造出来了。相反地，如果法律规定，银行必须对其所吸收的存款保留 100% 的准备金，那么银行除了把存款锁入保险柜之外，不能再有进一步的举动。

（2）非现金结算制度。在现代信用制度下，银行向客户贷款是通过增加客户在银行存款账户的余额进行的，客户则是通过签发支票或其他非现金方式完成支付。因此，银行在增加贷款或投资的同时，也增加了存款额，即创造出了派生存款。相反，如果客户以提取现金方式向银行取得贷款，就不会形成派生存款。

2. 非银行贷款应该理解成现金贷

非银行机构发放贷款，因其不属于存款类机构，且是利用银行提供的银行账户进行交易，不能像银行贷款一样产生可利用的存款资金，也即放贷出去一笔资金就相应减少了自身可利用的资金。从这个意义上讲，非银行机构的贷款业务，应该理解成现金贷。自然，这种贷款业务要求的利息回报就会显著高于银行贷款。

市场上对现金贷业务的界定，指的是那些发放小额短期的高利息的贷款业务。这种定义只是从表面现象上的概括，应该从银行与非银行机构的区别上认识这两类贷款。

3. 银行贷款中的补偿性余额要求

补偿性余额又称为最低存款余额，是指银行向客户贷款时，会要求借款客户以低息或者无息形式，按贷款限额或实际使用额在银行保持一定比例的最低存款余额，或者以保证金的形式存放一定的保证金存款。一般来说，银行要求的补偿性余额的数量主要受信贷市场竞争的影响。如果信贷市场供不应求，在签订贷款合同时，银行可能会处于有利的地位，补偿性余额要求可能就较高；反之，客户就可能不会接受太高的补偿性余额。

从银行的角度讲，补偿性余额有助于降低银行的贷款风险，以补偿其可能遭受的风险。而且，客户在银行中保持这些低息或无息的存款，增加了银行从贷款中获得的实际利息。

从借款企业的角度讲，补偿性余额则提高了借款的实际利率，客户支付的利息不变，而到账的可以实际利用的贷款总额减少，从而加重了客户的财务负担。

五、银行贷款的理论逻辑

随着银行业的发展，关于信贷产品的理论也在不断变化，主要有商业贷款理论、可转换理论、预期收入理论等。这些理论不但有效指导了商业银行信贷产品的运营与丰富，也为银行开展风险管理提供了理论基础。

（一）商业贷款理论

商业贷款理论产生于商业银行发展的早期。当时中央银行体制尚未产生，没有作为最后贷款人角色的银行，在银行发生清偿危机时给予救助；当时也没有存款保险制度，银行经营管理的外部环境是比较脆弱的。商业银行将自身的流动性和声誉视为生命线，甚至不惜以牺牲部分盈利性作为生存的代价。此外，当时的市场经济也不够发达，企业规模一般比较小，整体上处于主要依赖内源融资的阶段，需向银行借入的资金多属于周转性流动资金。

商业贷款理论认为商业银行的资金来源主要是流动性很强的活期存款，因此，其贷款业务应主要集中于借款人短期的自偿性贷款，即短期的流动资金贷款，基于借款人的商业行为能自动清偿的贷款，以保持资产与负债在期限上的高度匹配，避免出现流动性风险。这种理论也被称为自动清偿理论，同时，该理论强调商业银行贷款以借款人的真实商业票据作为贷款决策的依据，因此也被称为真实票据论。

商业贷款理论奠定了现代商业银行贷款经营的一些基本原则。首先，该理论强调了银行贷款资金运用要与资金来源在性质、期限等方面相匹配。这是银行资产负债管理的基本原则。其次，该理论强调银行应高度重视流动性安全，以确保商业银行生存，这是银行流动性管理的初始理论依据。该理论也有一定的局限性。首先，该理论对活期存款的稳定性认识不够充分。活期存款虽然可以随时提取，但依据大数法则，在活期存款的存取之间，总会存在一个相对稳定的余额。这也是现代商业银行监管政策中将活期存款的一定比例视为核心存款的依据。其次，该理论忽视了贷款需求的多样性。该理论不主张发放固定资产贷款、消费贷款等，不利于银行更充分地满足社会融资需求。最后，该理论仅强调单个借款人的自动清偿，忽略了整体外部环境。在经济下行周期时期，多数借款人仍难以自动清偿。

（二）可转换理论

可转换理论于20世纪初提出，是在证券市场初步发展的条件下提出的，如当时美国的股票、债券、信托产品等供不应求。该理论认为，为了应付日常所必需的流动性，商业银行可以将其资金的一部分投资于具备转让条件的证券，包括短期证券和长期证券。由于证券资产能够随时出售，所以商业银行的资产除了配置在现金和短期自偿性贷款上之外，还可以配置在短期证券、长期证券上。

可转换理论的产生，使商业银行资产的范围扩大，可以配置更长期限的资产，资产负债的组合管理更加丰富，在保证流动性的同时，收益能力也得到提高。但在证券市场出现单边下行、竞相出售的时候，银行也难以不受损失地将所持证券出售，为保证流动性，仍会遭受损失。

（三）预期收入理论

预期收入理论产生于20世纪40年代，当时第二次世界大战后西方各国经济实现了恢复和发展。美国经济学家普鲁克诺于1949年在《定期存款及银行流动性理论》一书中提出了这一理论。但在该理论提出前的数十年内，分期付款消费在美国就已经开始流行。该理论认为，银行发放贷款的决策依据，应该是借款人的预期收入，而不应仅仅是贷款的期限。如果借款人的预期收入稳定，即使是期限较长的贷款也是安全的，银行的流动性仍能够得到保障；如果借款人的预期收入不稳定，即使期限短的贷款也会损失，也会侵蚀银行的流动性安全。

预期收入理论的积极意义在于，一是明确提出了贷款的安全性取决于借款人预期收入的稳定性，这是银行信贷"用今天的现金流换取明天的现金流"的一个重要进步。二是促进了商业银行贷款产品的进一步丰富，涵盖了经营性贷款和消费性贷款，从流动资金贷款扩展到固定资产贷款、住房按揭贷款，从短期贷款扩展到中期贷款和长期贷款，从而增强了商业银行的服务能力和在经济活动中的重要地位。三是进一步发挥贷款的杠杆撬动作用，促进了生产和消费规模的扩大，增强了商业银行对经济和社会发展的渗透程度。

预期收入理论的不足之处在于，其对借款人未来收入稳定性的预测具有主观判断特性，一般是依据当前情况预测未来。随着时间的推移，判断依据的条件会发生变化，未来借款人的实际收入会与预测量之间存在偏差，当出现整体性较大偏差时，银行的贷款安全将面临更大的风险。

知识拓展及思政项目：警惕过度借贷营销诱导

当前，信用卡、小额信贷等个人消费信贷服务与各种消费场景深度绑定，在一定程度上便利了生活，减轻了即时的支付压力，但消费者若频繁、叠加使用消费信贷，易引发过度负债、征信受损等风险。对此，消费者要警惕落入过度借贷营销陷阱，防范过度信贷风险。

一是诱导消费者办理贷款、信用卡分期等业务，侵害消费者知情权和自主选择权。警惕营销过程中混淆概念，诱导消费者使用信用贷款等行为，比如，以"优惠"等说辞包装小额信贷、信用卡分期服务；或是价格公示不透明，不明示贷款或分期服务年化利率等；还有的在支付过程中故意诱导消费者选择信贷支付方式。若消费者自我保护和风险防范意识不强，不注意阅读合同条款、授权内容等，签约授权过程比较随意，则容易被诱导办理贷款、信用卡分期等业务。

二是诱导消费者超前消费。利用大数据信息和精准跟踪，一些机构挖掘用户的"消费需求"后，不顾消费者综合授信额度、还款能力、还款来源等实际情况，过度营销、诱导消费者超前消费，致使消费者出现过度信贷、负债超出个人负担能力等风险。消费者应该知道，使用消费信贷服务后，需要依照合同约定按期偿还本金和息费，信用卡分期、信用贷款等息费未必优惠，折合年化费率计算后的综合贷款成本可能很高，过度信贷易造成过度负债。

三是诱导消费者把消费贷款用于非消费领域。诱导或默许一些消费者将信用卡、小额信贷等消费信贷资金用于非消费领域，比如买房、炒股、理财、偿还其他贷款等，扰乱了金融市场正常秩序。消费者违规将消费信贷获取的资金流向非消费领域终需承担相应后果，"以贷养贷""以卡养卡"不可取。

四是过度收集个人信息，侵害消费者个人信息安全权。一些金融机构、互联网平台在开展相关业务或合作业务时，对消费者个人信息保护不到位，比如以默认同意、概括授权等方式获取授权；未经消费者同意或违背消费者意愿将个人信息用于信用卡业务、消费信贷业务以外的用途；不当获取消费者外部信息等。以上过度收集或使用消费者个人信息的行为，侵害了消费者个人信息安全权。

知识点 11　银行贷款的要素

贷款业务中，银行和客户要达成一个什么样的贷款协议是十分重要的，整个贷款过程可以理解成贷款合同的签订和履行。一般来说，贷款合同中除了规定双方的义务、责任、权利之外，双方还会对一些贷款要素进行协商。这些要素主要包括贷款对象、贷款额度、贷款期限、贷款利率/费率、贷款用途、还款方式、担保方式。它们是贷款产品的基本组成部分，不同贷款要素的设定赋予了贷款产品千差万别的特点。

1996 年，中国人民银行制定《贷款通则》，对银行贷款业务的开展进行了规范。

2009—2010 年，银监会颁布《流动资金贷款管理暂行办法》《个人贷款管理暂行办法》《固定资产贷款管理暂行办法》和《项目融资业务指引》，并称"三个办法一个指引"，构建和完善了我国银行业金融机构的贷款业务法规框架。

为规范商业银行互联网贷款业务经营行为，促进互联网贷款业务健康发展，2020 年 4 月 22 日，银保监会颁布了《商业银行互联网贷款管理暂行办法》。

一、贷款对象

贷款对象即借款人，既是银行贷款发放的具体对象，也是与银行之间建立贷款法律关系的具有独立民事权利能力和民事行为能力的经济主体；既可以是法人，也可以是自然人。

根据贷款对象的不同，主要可以分为公司贷款、个人贷款。其中，公司客户所处的行业、规模、效益是影响银行贷款的重要因素，因此按行业、规模、效益又可以分成不同的公司贷款。

按行业划分，可以分为农林牧渔业、工业、建筑业、批发零售业、交通运输业、仓储业、邮政业、餐饮业、信息传输业、软件和信息技术服务业、房地产开发经营、物业管理、租赁和商务服务业、综合类等。

按规模划分，具体按从业人员、营业收入、资产总额等指标，可以分为大型企业、中型企业、小型企业、微型企业四种类型。统计上，大型、中型、小型、微型企业划分标准见表 11 - 1。

表 11 - 1　　　　　　　　　　　企业划分标准

行业	指标名称	单位	大型	中型	小型	微型
农林牧渔业	营业收入（Y）	万元	$Y \geq 20000$	$500 \leq Y < 20000$	$50 \leq Y < 500$	$Y < 50$
工业	从业人员（X）	人	$X \geq 1000$	$300 \leq X < 1000$	$20 \leq X < 300$	$X < 20$
	营业收入（Y）	万元	$Y \geq 40000$	$2000 \leq Y < 40000$	$300 \leq Y < 2000$	$Y < 300$
建筑业	营业收入（Y）	万元	$Y \geq 80000$	$6000 \leq Y < 80000$	$300 \leq Y < 6000$	$Y < 300$
	资产总额（Z）	万元	$Z \geq 80000$	$5000 \leq Z < 80000$	$300 \leq Z < 5000$	$Z < 300$
批发业	从业人员（X）	人	$X \geq 200$	$20 \leq X < 200$	$5 \leq X < 20$	$X < 5$
	营业收入（Y）	万元	$Y \geq 40000$	$5000 \leq Y < 40000$	$1000 \leq Y < 5000$	$Y < 1000$
零售业	从业人员（X）	人	$X \geq 300$	$50 \leq X < 300$	$10 \leq X < 50$	$X < 10$
	营业收入（Y）	万元	$Y \geq 20000$	$500 \leq Y < 20000$	$100 \leq Y < 500$	$Y < 100$
交通运输业	从业人员（X）	人	$X \geq 1000$	$300 \leq X < 1000$	$20 \leq X < 300$	$X < 20$
	营业收入（Y）	万元	$Y \geq 30000$	$3000 \leq Y < 30000$	$200 \leq Y < 3000$	$Y < 200$
仓储业	从业人员（X）	人	$X \geq 200$	$100 \leq X < 200$	$20 \leq X < 100$	$X < 20$
	营业收入（Y）	万元	$Y \geq 30000$	$1000 \leq Y < 30000$	$100 \leq Y < 1000$	$Y < 100$
邮政业	从业人员（X）	人	$X \geq 1000$	$300 \leq X < 1000$	$20 \leq X < 300$	$X < 20$
	营业收入（Y）	万元	$Y \geq 30000$	$2000 \leq Y < 30000$	$100 \leq Y < 2000$	$Y < 100$
住宿业	从业人员（X）	人	$X \geq 300$	$100 \leq X < 300$	$10 \leq X < 100$	$X < 10$
	营业收入（Y）	万元	$Y \geq 10000$	$2000 \leq Y < 10000$	$100 \leq Y < 2000$	$Y < 100$
餐饮业	从业人员（X）	人	$X \geq 300$	$100 \leq X < 300$	$10 \leq X < 100$	$X < 10$
	营业收入（Y）	万元	$Y \geq 10000$	$2000 \leq Y < 10000$	$100 \leq Y < 2000$	$Y < 100$
信息传输业	从业人员（X）	人	$X \geq 2000$	$100 \leq X < 2000$	$10 \leq X < 100$	$X < 10$
	营业收入（Y）	万元	$Y \geq 100000$	$1000 \leq Y < 100000$	$100 \leq Y < 1000$	$Y < 100$
软件和信息技术服务业	从业人员（X）	人	$X \geq 300$	$100 \leq X < 300$	$10 \leq X < 100$	$X < 10$
	营业收入（Y）	万元	$Y \geq 10000$	$1000 \leq Y < 10000$	$50 \leq Y < 1000$	$Y < 50$
房地产开发经营	营业收入（Y）	万元	$Y \geq 200000$	$1000 \leq Y < 200000$	$100 \leq Y < 1000$	$Y < 100$
	资产总额（Z）	万元	$Z \geq 10000$	$5000 \leq Z < 10000$	$2000 \leq Z < 5000$	$Z < 2000$
物业管理	从业人员（X）	人	$X \geq 1000$	$300 \leq X < 1000$	$100 \leq X < 300$	$X < 100$
	营业收入（Y）	万元	$Y \geq 5000$	$1000 \leq Y < 5000$	$500 \leq Y < 1000$	$Y < 500$
租赁和商务服务业	从业人员（X）	人	$X \geq 300$	$100 \leq X < 300$	$10 \leq X < 100$	$X < 10$
	资产总额（Z）	万元	$Z \geq 120000$	$8000 \leq Z < 120000$	$100 \leq Z < 8000$	$Z < 100$
其他未列明行业	从业人员（X）	人	$X \geq 300$	$100 \leq X < 300$	$10 \leq X < 100$	$X < 10$

将企业按生命周期四个阶段可划分为初创型企业、成长型企业、成熟型企业、衰退型企业，处于不同生命周期的企业，其贷款需求和能力也各有不同（见表 11 - 2）。

表 11 – 2   不同生命周期企业的贷款需求

企业发展阶段	企业特点	贷款需求及方式
初创型企业	生产规模小，产品市场份额低，固定成本高，企业组织结构简单，生产经营者与管理者合二为一，盈利能力低，现金流转不顺，经常出现财务困难	企业在刚起步的时候，以企业为主体是很难贷款的，一般都是以企业主个人信贷为主，或者以其他资产作为担保。一些银行也开始发展投联贷：与有合作关系的股权投资机构所投资的中小微企业，根据股权投资机构入股金额的一定比例，给予贷款
成长型企业	基本形成自己独特的产品系列，产品市场份额稳步提高，市场竞争力逐渐增强，业绩增长速度加快	企业规模扩大，可用于抵质押的资产增加，财务透明度提高，银行贷款不断增加；起初以短期贷款为主，后期贷款期限逐渐延长
成熟型企业	企业资金雄厚、技术先进、人才资源丰富、管理水平提高，具有较强的生存能力和竞争能力，企业能够有效地进行日常业务流程的协调和资源的有效配置	企业经营有了一定的规模，盈利能力稳定，抵质押条件良好，是银行贷款竞争的对象。不仅有贷款需求，还需要综合性投融资服务
衰退型企业	企业生存受到威胁，产品市场份额持续下降，盈利能力低，管理阶层出现官僚主义、本位主义等严重问题	财务状况恶化，经常出现"拆东墙补西墙"的情况，常利用一些假象、制作虚假报表掩盖其惨淡的经营状况。对于此种类型银行贷款的对象，一定要严格审查，及时关注其现金流

二、贷款用途

从金融行业合规的角度来看，监管部门要求各类金融机构发放贷款时，要有明确、合理的贷款用途，不得发放无明确用途的贷款，并对贷款发放后的资金用途进行监督。对企业未按照约定用途使用贷款的行为，商业银行可以依照合同约定，采取停止发放贷款、提前收回贷款等措施。

贷款用途是指贷款资金的具体去向，反映贷款用于解决生产经营活动哪一方面的资金需要，贷款同哪些生产要素相结合，以及贷款用在再生产过程中的哪个环节上。

（一）根据贷款用途，公司贷款分为流动资金贷款、固定资产贷款、项目贷款

流动资金贷款，是指银行向企（事）业法人或国家规定可以作为借款人的其他组织发放的用于借款人日常生产经营周转的本外币贷款。流动资金贷款不得用于固定资产、股权等投资，不得用于国家禁止生产、经营的领域和用途。

固定资产贷款，是指银行向企（事）业法人或国家规定可以作为借款人的其他组织发放的用于借款人固定资产投资的本外币贷款。固定资产投资包括基本建设投资、更新改造投资、房地产开发投资以及其他固定资产投资四大类。

项目贷款，主要是指符合以下特征的贷款：（1）贷款用途通常是用于建造一个或一组大型生产装置、基础设施、房地产项目或其他项目，包括对在建或已建项目的再融资。（2）借款人通常是为建设、经营该项目或为该项目融资而专门组建的企事业法人，包括主要从事该项目建设、经营或融资的既有企事业法人。（3）还款资金来源主要依赖该项目产生的销售收入、补贴收入或其他收入，一般不具备其他还款来源。

（二）根据贷款用途，个人贷款分为经营性贷款和消费贷款

个人经营贷款是指银行向个人发放的用于流动资金周转、购置或更新经营设备、支付租赁经营场所租金、商用房装修等合法生产经营活动的贷款，又可以进一步分为个人经营专项贷款和个人经营流动资金贷款。

消费贷款又称消费者贷款，是指对消费者个人贷放的用于购买耐用消费品或支付各种费用的贷款。

《商业银行互联网贷款管理暂行办法》明确规定贷款资金不得用于以下事项：购房及偿还住房抵押贷款；股票、债券、期货、金融衍生产品和资产管理产品等投资；固定资产、股本权益性投资；法律法规禁止的其他用途。

三、贷款期限与金额

贷款期限和金额是贷款的两个基本要素。

《个人贷款管理暂行办法》规定，贷款人应建立借款人合理的收入偿债比例控制机制，结合借款人收入、负债、支出、贷款用途、担保情况等因素，合理确定贷款金额和期限，控制借款人每期还款额不超过其还款能力。

《流动资金贷款管理暂行办法》规定，贷款人应合理测算借款人营运资金需求，审慎确定借款人的流动资金授信总额及具体贷款的额度，不得超过借款人的实际需求发放流动资金贷款。贷款人应根据借款人生产经营的规模和周期特点，合理设定流动资金贷款的业务品种和期限，以满足借款人生产经营的资金需求，实现对贷款资金回笼的有效控制。

《商业银行互联网贷款管理暂行办法》规定，互联网贷款应当遵循小额、短期、高效和风险可控的原则。单户用于消费的个人信用贷款授信额度应当不超过人民币 20 万元，到期一次性还本的，授信期限不超过 1 年。中国银行保险监督管理委员会可以根据商业银行的经营管理情况、风险水平和互联网贷款业务开展情况等对上述额度进行调整。商业银行应在上述规定额度内，根据本行客群特征、客群消费场景等，制定差异化授信额度。商业银行应根据自身风险管理能力，按照互联网贷款的区域、行业、品种等，确定单户用于生产经营的个人贷款和流动资金贷款授信额度上限。对期限超过 1 年的上述贷款，至少每年对该笔贷款对应的授信进行重新评估和审批。

（一）贷款期限

狭义的贷款期限是指从具体贷款产品发放到约定的最后还款或清偿的期限。按期限划分，银行贷款可分为活期贷款和定期贷款。

1. 活期贷款是指客户在发放贷款时不确定偿还期限、可以根据自己的情况随时偿还的一种贷款方式。例如市场上创新发展出来的"随借随还"贷款。

2. 定期贷款，又叫固定期限贷款，在贷款合同签订时，银行与客户就约定好了明确的贷款期限。一般来说，银行贷款都属于这一类。根据期限的长短，又可分为：（1）短期贷款，即贷款期限在 1 年以内（含 1 年）的贷款；（2）中期贷款，即贷款期限在 1 年以上（不含 1 年）5 年以下的贷款；（3）长期贷款，即贷款期限在 5 年以上（不含 5

年）的贷款。

广义的贷款期限通常还可以分为提款期、宽限期和还款期。

提款期是指从借款合同生效之日开始，至合同规定贷款金额全部提款完毕之日为止，或最后一次提款之日为止，其间借款人可按照合同约定分次提款。

宽限期是指从贷款提款完毕之日开始，或最后一次提款之日开始，至第一个还本付息之日为止，介于提款期和还款期之间。有时也包括提款期，即从借款合同生效日起至合同规定的第一笔还款日为止的期间。在宽限期内银行只收取利息，借款人不用还本；或本息都不用偿还，但是银行仍应按规定计算利息，直至还款期才向借款企业收取。

还款期是指从借款合同规定的第一次还款日起至全部本息清偿日止的期间。

《贷款通则》中有关期限的相关规定如下：（1）贷款期限根据借款人的生产经营周期、还款能力和银行的资金供给能力由借贷双方共同商议后确定，并在借款合同中载明。（2）自营贷款期限最长一般不得超过 10 年，超过 10 年应当报监管部门备案。（3）票据贴现的贴现期限最长不得超过 6 个月，贴现期限为从贴现之日起到票据到期日止。（4）不能按期归还贷款的，借款人应当在贷款到期日之前，向银行申请贷款展期，是否展期由银行决定。短期贷款展期期限累计不得超过原贷款期限，中期贷款展期期限累计不得超过原贷款期限的一半，长期贷款展期期限累计不得超过 3 年。

（二）授信额度、贷款金额

授信额度是指银行给予借款人在一定时期内可支配的最高额度，其间借款人可以随时动用这笔资金。贷款金额则是指在可用额度范围内，借款人实际所借的金额。二者的关系体现在以下几个方面。

1. 银行会根据借款人所提供的抵押担保、质押担保和保证担保的额度以及资信等情况，确定授信额度、贷款额度。一般银行会先授予借款人一定的授信额度，借款人根据自己的需要以及银行的可贷资金情况向银行申请使用授信额度，实际发放的资金即为贷款金额。

2. 授信额度属于意向额度，而贷款额度是实际取现额度，授信额度会始终大于等于贷款额度。

3. 授信额度在规定的期限和范围内可以循环使用。

4. 未使用的授信额度是不需要支付利息的，只有在提取使用时，才会产生利息。

四、贷款利率

贷款利率是银行等金融机构发放贷款时向借款人收取利息的利率。

（一）贷款利率市场化

自 2013 年 7 月 20 日起，中国人民银行决定全面放开金融机构贷款利率管制。至此，贷款利率管制全面放开，金融机构的自主定价空间进一步扩大，市场机制在利率形成中的作用显著增强。

全面放开贷款利率管制后，金融机构与客户协商定价的空间进一步扩大，既有利于降低企业融资成本，也有利于金融机构不断提高自主定价能力，提升服务水平；有利于优化金融资源配置，更有力地支持经济结构调整和转型升级。

（二）影响银行贷款利率的因素

1. 银行成本。任何经济活动都要进行成本收益比较。银行成本主要由两部分构成：资金成本和经营成本。资金成本一般是指银行从客户处吸收存款的平均利息支出，经营成本则是银行在贷前调查、分析、评估和贷后跟踪监测等方面所耗费的直接或间接费用。

2. 贷款的风险水平。信贷风险是客观存在的，只是程度不同，银行需要在预测贷款风险的基础上为其承担的违约风险索取补偿。

3. 信贷市场的资金供求状况。一般来说，在信贷资金宽松的环境下，利率会走低；反之，利率则会走高。

4. 银行的目标盈利水平。在保证贷款安全和市场竞争力的前提下，银行会力求使贷款收益率达到或高于目标收益率。

5. 金融市场竞争态势。银行应比较同业的贷款价格水平，将其作为本行贷款定价的参考。

6. 银行与客户的整体关系。贷款通常是银行维系客户关系的支撑点，故银行贷款定价还应该全面考虑客户与银行之间的业务合作关系。

7. 银行有时会要求借款人保持一定的存款余额，即存款补偿余额，以此作为发放贷款的附加条件。存款补偿余额实际上是一种隐含贷款价格，故而与贷款利率之间是此消彼长的关系。

（三）银行贷款利率定价方式

在综合考虑多种因素的基础上，银行开发出了不同的贷款定价方法，体现出银行不同的定价策略。

1. 基准利率加成定价法

基准利率加成定价法是选择合适的基准利率，银行在此之上加一定价差或乘上一个系数的贷款定价方法。理论上基准利率可以是国库券利率、大额可转让定期存单利率、银行同业拆借利率、商业票据利率等货币市场利率，也可以是优惠贷款利率，即银行对优质客户发放短期流动资金贷款的最低利率。在 20 世纪 70 年代以前，西方银行界在运用基准利率加成定价法时普遍以大银行的优惠利率作为贷款定价基准。具体公式如下：

贷款利率 = 基准利率 + 借款者的违约风险溢价 + 长期贷款的期限风险溢价

公式中后两部分是在基准利率基础上的加价。违约风险溢价的设定可使用多种风险调整方法，通常是根据贷款的风险等级确定风险溢价。这是当前银行贷款利率定价的主流方法。

我国银行关于贷款基准利率的选择也发生了重要的变革。以前，我国银行贷款执行的基准利率是中国人民银行公布的各期限贷款基准利率。2013 年之后，我国逐步建立贷款基准利率市场化机制，实施贷款基础利率（LPR）集中报价和发布制度。

2019 年 8 月 17 日，为提高 LPR 的市场化程度，发挥好 LPR 对贷款利率的引导作用，促进贷款利率"两轨合一轨"，人民银行在报价原则、形成方式、期限品种、报价行、报价频率和运用要求等六个方面对 LPR 进行改革，同时把贷款基础利率中文名更改为贷款市场报价利率，英文名 LPR 保持不变。一是报价方式改为按照公开市场操作利率加点形成，市场化、灵活性特征更加明显。LPR 由各报价行于每月 20 日（遇节假日顺延）9 时前，以 0.05 个百分点为步长，向全国银行间同业拆借中心提交报价，全国银行间同业拆借中心按去掉最高和最低报价后的算术平均价，向 0.05% 的整数倍就近取整计算得出 LPR，于当日 9 时 30 分公布，公众可在全国银行间同业拆借中心和中国人民银行网站查询。二是在原有的 1 年期一个期限品种基础上，增加 5 年期以上的期限品种，为银行发放住房抵押贷款等长期贷款的利率定价提供参考，也便于未来存量长期浮动利率贷款合同定价基准向 LPR 转换的平稳过渡。三是报价行范围代表性增强，在原有的 10 家全国性银行基础上增加城市商业银行、农村商业银行、外资银行和民营银行各 2 家，扩大到 18 家。新增加的报价行都是在同类型银行中贷款市场影响力较大、贷款定价能力较强、服务小微企业效果较好的中小银行，能够有效增强 LPR 的代表性。四是报价频率由原来的每日报价改为每月报价一次。

2. 成本加成定价法

成本加成定价法是根据业务的综合成本（资金成本、业务成本、运营成本、风险成本等），加计预期目标利润，来确定贷款的利率。以中间业务为例，以业务成本为主的定价主要适用于银行卡及电子银行类业务中需向外支付手续费、工本费的产品，以风险成本为主的定价主要适用于担保、承诺类业务。

成本加成定价法考虑了贷款的资金成本、经营成本和客户的违约成本，具有一定的合理性。不过，这种定价方法也有其缺陷。它要求银行能够准确地认定贷款业务的各种相关成本，这在实践中有相当的难度。而且，它没有考虑市场利率水平和同业竞争因素，而事实上，在激烈的竞争中，相当一部分银行并非完全的价格制定者，而往往是价格的接受者。

3. 综合收益定价法

综合收益定价法是指考虑客户的综合贡献度，来定出适用价格的一种方法。贷款的定价可以在成本的基础上，结合客户综合贡献和市场竞争因素进行调整。基本公式为：

贷款价格 = 基本贷款利率 + 调整值
= （资金成本 + 经营成本 + 风险成本 + 预期收益） + （客户贡献调整值 + 市场调整值）

资金成本是指银行筹集资金和使用资金所付出的成本。经营成本是指银行为顾客办理贷款所支付的非利息成本。风险成本是指贷款违约所带来的损失。银行可以通过内部评级法等先进技术的运用，测算贷款的违约概率、违约损失率和风险敞口以量化风险成本，确定合理的风险补偿。预期收益是银行经营管理贷款希望取得的收益，该收益可根据既定的最低资本回报率和贷款的资本金支持率来确定。客户贡献调整值是根据客户对银行的存款、贷款以及中间业务等的贡献确定的，客户综合贡献度评价既包括客户存贷款业务、结算业务、投行业务、现金管理业务、企业年金、代理保险、营销基金、营销贵金属等现实的收益贡献，也包括已签约业务及其他业务合作机会等带来的潜在收益，是对基本贷款利率的调整。在对成本、风险、收益和客户都有所考虑后，还应该考虑市场和竞争者。因此，贷款价格还应加上市场调整值，以确保贷款定价的市场竞争力。市场调整值是在对市场利率和同业报价进行分析后得出的，既可能为正，也可能为负。

这种贷款定价方法综合考虑了银行的筹资成本、经营成本、风险、利润目标、银行与顾客的关系、市场竞争情况等，精确量化了各因素对定价的影响，有利于银行信贷管理的精细化发展。特别是顾客因素和市场竞争因素的引入，将促使银行建立以市场为导向、以顾客为中心的信贷管理体系。此方法还将促进信贷管理从定性分析和经验判断为主向注重技术运用和定量分析转变。

五、还款方式

银行贷款的条件是要求客户到期还本付息，其中包括本金和相应的利息。根据还本付息方式的不同，可以分为一次性还本付息和分期还本付息，后者又包括分期付息一次性还本、等额本息还款法、等额本金还款法、等比累进还款法、等额累进还款法及组合还款法等。

（一）一次性还本付息法

一次性还本付息法又称期末清偿法，指借款人需在贷款到期日还清贷款本息，利随本清。

一般地，短期流动资金贷款（期限 1 年以内）会采取一次性还本付息法。期限较长的贷款以及消费贷款，一般采取分期还本付息。

（二）分期还本付息

随着信贷制度的改革，分期还款使银行和客户双方都能获得相应的好处，这种还款方式在很大范围内得到推广。对客户来说，不仅可以从分期偿还中减少利息的负担，还能减小到期一次性偿还而产生大额资金需求的压力。对银行来说，既发展了贷款、增加了收益，又从分期偿还中加速了贷款的周转，减少了风险。

按什么样的期限分期偿还，一般会根据客户的资金流、收入状况来决定。具体来说，分期偿还的期限可以是季、月、周。例如在我国，一般采取的是月薪制，故一般的个人贷款分期还款是按月还款；而西方国家，一般采取的是周薪制，故一般的个人贷款分期还款是按周还款。

1. 分期付息一次性还本

分期付息一次性还本是指在贷款期内利息是分期偿还，而本金到期一次性偿还。每期只需要偿还利息，因此贷款期间内的还款压力较小，且偿还的利息是相同的，但在到期时会面临较大的还款压力。

2. 等额本金还款法

等额本金还款法是一种计算非常简便、实用性很强的还款方式。基本算法是在还款期内按期等额归还贷款本金，并同时还清当期未归还的本金所产生的利息。每月还款额计算公式如下：

$$每月还款额 = \frac{贷款本金}{还款期数} + （贷款本金 - 已归还贷款本金累计额）\times 月利率$$

等额本金还款法的特点是定期、定额还本，也就是客户每期除了偿还贷款利息外，还需要定额摊还本金。由于等额本金还款法每期还本额固定，所以其贷款余额以定额逐渐减少，每月需要偿还的利息也逐渐减少，每期要偿还的本息和也在逐渐减少。这种还款方式相对等额本息而言，总的利息支出较低，但是前期支付的本金和利息较多，但是随着时间的推移，每期还款数也越来越少。

3. 等额本息还款法

等额本息还款法是指在贷款期内每期以相等的额度平均偿还贷款本息。每月还款额计算公式为：

$$每月还款额 = \frac{月利率 \times (1 + 月利率)^{还款期限}}{(1 + 月利率)^{还款期限} - 1} \times 贷款本金$$

等额本息还款法是每期以相等的额度偿还贷款本息，其中归还的本金和利息的配给比例是逐月变化的，利息逐月递减，本金逐月递增。

六、担保方式

在 20 世纪 90 年代之前，担保在我国银行贷款中一直没有得到应用。由于当时国有银行贷款给国有企业带有很强的资金拨付的性质，并不需要发展担保技术，一般都是采用信用贷款，而借款人的所有制性质是贷款的一个重要考量因素。随着民营经济的发展，银行对民营企业的贷款开始着重强调贷款的风险控制，担保作为一项重要的贷款技术开始得到应用和发展，担保原则也成为一项重要的贷款政策。

相应地，为发展担保贷款，我国制定了一系列担保相关法律。1995 年，为促进资金融通和商品流通，保障债权的实现，发展社会主义市场经济，我国颁布并实施《中华人民共和国担保法》；2007 年，颁布并施行《中华人民共和国物权法》。2020 年 5 月 28日，第十三届全国人大三次会议通过了《中华人民共和国民法典》，自 2021 年 1 月 1 日起施行。《中华人民共和国担保法》《中华人民共和国物权法》同时废止。

（一）担保贷款的含义

银行在贷款业务中，为保障实现其债权，需要担保的，可以依照《民法典》和其他法律的规定设立担保物权。担保物权人在债务人不履行到期债务或者发生当事人约定的实现担保物权的情形，依法享有就担保财产优先受偿的权利。

担保，包括人保和物保。物保，即担保物权，以物的价值作为债权实现的担保，具体包括抵押权和质押权。其中，抵押权的客体包括三类，分别是动产、不动产和不动产用益物权（建设用地使用权和土地经营权）。质押权的客体包括两类，即动产和权利。

人保，即保证，以人的信用（信誉）作为债权实现的担保，包括一般保证和连带责任保证。其设立属于意定，需要保证人和债权人订立书面的保证合同且无须移转标的物的占有。

（二）抵押权

抵押权是指债权人对于债务人或第三人提供的不移转占有而作为债务履行担保的财产，在债务人不履行债务或发生当事人约定的实现抵押权的情形时，可就该财产折价或者就拍卖、变卖该财产的价款优先受偿的权利。在抵押法律关系中，享有抵押权的人为抵押权人（债权人），提供抵押财产的人为抵押人，供作担保的财产称为抵押财产。

1. 抵押权的类型

（1）不动产抵押权。不动产抵押权是以不动产为标的物的抵押权。不动产是土地以及建筑物、林木等地上定着物。依传统民法，动产以交付（占有）为公示方法，不动产以登记为公示方法。抵押权的设定不移转标的物的占有并以登记为公示方法，因此，抵押权多在不动产之上设定。

（2）权利抵押权。权利抵押权是指以权利为标的物的抵押权。在我国，虽然土地所有权不能用于抵押，但土地所有权之上所设定的用益物权可以用于抵押。土地用益物权所蕴含的巨大价值，使其成为理想的抵押财产，而且，除国家、集体外，市场主体对土地所享有的权利只能是土地利用权。因此，以用益物权为抵押财产所设定的权利抵押权，是我国较为常见的、极为重要的抵押方式。

（3）动产抵押权。动产抵押权是指以动产为标的物的抵押权。动产一般以交付（占有）为公示方法，因此，以动产设定抵押权并不多见。但随着经济的发展，动产价值的急剧增长（如一艘海轮的价值绝不亚于一幢板楼的价值）和重要动产的登记制度的建立，为动产成为抵押财产创造了客观的必要性和可能性。

2. 抵押财产的特点

（1）抵押财产包括不动产、特定动产和权利。抵押财产主要是不动产，也包括特定的不动产，建设用地使用权、地役权等物权也可以设置抵押权。

（2）抵押财产须具有可转让性，抵押权的性质是变价权，供抵押的不动产或者动产如果有妨害其使用的目的、具有不得让与的性质，或者即使可以让与，但让与后其价值将会受到影响，都不能设置抵押权。

3. 法定的抵押财产范围

（1）建筑物和其他土地附着物；

（2）建设用地使用权；

（3）海域使用权；

（4）生产设备、原材料、半成品、产品；

（5）正在建造的建筑物、船舶、飞行器；

（6）交通运输工具；

（7）法律、法规规定可以抵押的其他财产，如土地经营权。

4. 禁止抵押的财产

（1）土地所有权。无论是国有土地所有权，还是农民集体土地的所有权，都禁止设置抵押权。

（2）宅基地、自留山、自留地等集体所有土地的使用权，但法律规定可以抵押的除外。在这些土地上设立的土地使用权，都具有不可流转性，设置抵押权无法实现，因此禁止设置抵押权。

（3）学校、幼儿园、医院等以公益为目的成立的非营利法人的教育设施、医疗卫生设施和其他公益设施。这是因为，无论是公办还是民办，这些单位都是出于社会公益目的设立的，这些设施一旦设定抵押权，在抵押权实现时将会造成公益目的无法实现的后果，所以禁止设置抵押权。

（4）所有权、使用权不明或者有争议的财产。这些财产会发生权属争议，不仅对抵押权的实现有影响，而且会酿成新的纠纷，故予以禁止。

（5）依法被查封、扣押、监管的财产。因这些财产被采取强制措施，不能自由流转，故禁止设置抵押权。

（6）法律、行政法规规定不得抵押的其他财产。

5. 抵押权登记的规定

抵押权登记，是指依据财产权利人的申请，登记机关将与在该财产上设定抵押权相关的事项记载于登记簿上的事实。

（1）不动产抵押，须登记发生法律效力。抵押权是担保物权，设定抵押权除了要订立抵押合同之外，对某些不动产抵押设置抵押权还须进行抵押权登记，并且只有经过抵押权登记，才能发生抵押权的效果。须登记发生法律效力的抵押权包括建筑物和其他土地附着物、建设用地使用权、海域使用权、正在建造的建筑物。以这些不动产设置抵押权的，在订立抵押合同之后，应当进行抵押权登记，经过登记之后，抵押权才发生，即抵押权自登记时设立。这种登记效力被称为绝对登记主义。

（2）对动产抵押设立时间的规定。以动产抵押的，例如生产设备、原材料、半成品、产品、正在建造的船舶、航空器、交通运输工具等，采取登记对抗主义，抵押权自抵押合同生效时设立；未经抵押权登记的，抵押权亦设立，只是不得对抗善意第三人。这种登记对抗要件主义，也叫相对登记主义。

动产抵押采取登记对抗主义，未经登记不得对抗善意第三人。不仅如此，而且对即使办理了登记的动产抵押，也不得对抗在正常经营活动中已经支付合理价款并取得抵押财产的买受人。如果在动产抵押过程中，抵押人与他人进行正常的经营活动，与对方当事人交易抵押财产，对方已经支付了合理价款、取得了该抵押财产的，这些抵押财产就不再是抵押权的客体，抵押权人对其不能主张抵押权。

6. 最高额抵押权

最高额抵押权，也叫最高限额抵押，是指为担保债务的履行，债务人或者第三人对一定期间内将要连续发生的债权提供担保财产，债务人不履行到期债务或者发生当事人约定的实现抵押权的情形，抵押权人有权在最高债权额限度内就该担保财产优先受偿的特殊抵押权。

最高额抵押权主要用于连续交易关系、劳务提供关系和连续借款关系等场合，是为适应市场经济发展的需要而产生的一种特殊抵押担保。它是对债权人一定范围内的不特定的债权，预定一个最高的限额，由债务人或第三人提供抵押财产予以担保的特殊抵押权。

最高额抵押权的特征是：（1）最高额抵押权是为一定范围内连续发生的不特定债权提供担保的抵押权，划定一个担保债权的上限，在该上限之内予以担保，所担保的债权必须是在一定期间连续发生的债权。（2）最高额抵押权并不从属于特定的债权，因债权通常尚未发生，将来才会发生，故不特定。（3）最高额抵押权以最高债权额限度内为担保，抵押权人基于最高额抵押权所能够优先受清偿的债权为最高数额限度。（4）最高额抵押权的从属性具有特殊性，只是从属于产生各个具体债权的基础法律关系，可以与具体的债权相分离而独立存在。

最高额抵押权在市场经济中的重要作用是，交易大部分是不断进行的连续性交易，其中不断产生债权，也不断消灭债权。如果在连续性交易中，凡是出现的债权都要设置一般抵押权进行担保，则不符合追求交易便捷与安全的市场经济本质。最高额抵押权可以克服这些缺陷，只要设定一个抵押权，就可以担保上述这些基于一定法律关系并在一定期限内重复发生的债权，不仅使债权担保的设定十分方便，也能节省大量的劳力和费用。

（三）质押权利

质权，是指债务人或第三人将标的动产或权利交债权人占有或控制，在债务人不履行债务或者发生当事人约定的实现权利的情形时，债权人以该动产或权利折价或拍卖、变卖所得价款优先受偿的权利。

在质押法律关系中，享有质权的人称为质权人；将标的财产移转给质权人占有或控制而供债权担保的债务人或第三人，称为出质人；出质人移转给债权人占有以供债权担保的财产，称为质物或质押财产。

1. 质权的特点

（1）质权原则上以交付（占有）为公示方法。

（2）质权的标的为动产或财产权利，但不包括不动产或不动产权利。

（3）质权具有留置效力，并就标的财产直接支配以实现质权。

2. 禁止流质的规定

流质，也称绝押，是指转移质物所有权的预先约定。订立质押合同时，出质人和质权人在合同中不得约定在债务人履行期限届满质权人未受清偿时，将质物所有权转移为债权人所有。禁止流质的主要原因如下：

（1）体现民法的公平、等价有偿原则。如果债务人为经济困难所迫，会自己提供或者请求第三人提供高价值的抵押财产担保较小的债权，债权人乘人之危，迫使债务人订立流质契约而获取暴利，损害债务人或者第三人的利益，或者质权设定后质物价值减损以致低于所担保的债权，对债权人不公平。

（2）避免债权人胁迫或者乘人之危迫使债务人订立流质条款，或者债务人基于对质物的重大误解而订立显失公平的流质契约。

（3）禁止流质条款是质权本质属性的表现。质权是一种变价受偿权，质物未经折价或者变价，就预先约定质物转移归抵押权人所有，违背了质权的价值权属性。当事人在质押合同中约定流质条款的，流质条款无效，但是质押合同仍然有效，因此，只能依法就质押财产优先受偿。

3. 质权的设立

质权自出质人交付质押财产时设立。质押合同是要物合同，即实践性合同。出质人未将质押财产移交于质权人占有前，质权合同不能发生效力。质押财产的占有，即出质人应将质押财产的占有移转给质权人，不局限于现实的移转占有，也包括简易交付或指示交付，但出质人不得以占有改定的方式继续占有标的物。这是因为动产质权以占有作为公示要件，如果出质人代质权人占有质押财产，则无法将该动产上所设立的质权加以公示。同时，由于出质人仍直接占有质押财产，质权人无法对质押财产加以留置，质权的留置效力无法实现。所以，出质人代质权人占有质押财产的，质权合同不生效。

如果债务人或者第三人未按质权合同约定的时间移交质押财产，由此给质权人造成损失的，出质人应当根据其过错承担赔偿责任。

4. 质权的类型

（1）动产质权，是指债权人对于债务人或者第三人移转占有而供作担保的动产，在债务人不履行到期债务或者发生当事人约定的实现质权的情形时，依法以该动产折价或者以拍卖、变卖该动产的价款优先受偿的权利。

（2）权利质权，是指以所有权以外的依法可转让的债权或者其他财产权利为标的物而设定的质权。具体包括以下几种：

①票据质权。汇票、本票和支票可以设立质权。

②债券质权。债券是由政府、金融机构或者企业为了筹措资金而依照法定程序向社会发行的，约定在一定期限内还本付息的有价证券。出质人和质权人应当以书面形式订立质押合同，出质人应当在合同约定的期限内将权利凭证交付质权人，自权利凭证交付之日起生效。

③存款单质权。存款单是由银行等储蓄机构开具的证明自身与存款人之间存在储蓄法律关系的凭证。可以设定质权的存款单主要是指各类定期存款单。出质人和质权人应当以书面形式订立质押合同，出质人应当在合同约定的期限内将权利凭证交付质权人。质押合同自权利凭证交付之日起生效。

④仓单质权，是指以仓单为标的物而设立的质权。存货人或者仓单持有人在仓单上背书并经保管人签字或者盖章的，既可以转让提取仓储物的权利，也可以设立质权。

⑤提单质权，是指以提单为标的物而设立的质权。以提单设立质权的，发生质权，出质人与质权人应当订立书面质押合同，出质人应当在合同约定的期限内将权利凭证交付质权人。

⑥基金份额质权与股权质权。前者是指以基金份额为标的而设立的质权；后者是指以股权为标的而设立的质权。

⑦知识产权质权，是指以知识产权的财产权为标的而设立的质权。

⑧应收账款质权，也叫不动产收益权质权，是指以应收账款请求权为标的而设立的质权。应收账款，是指权利人因提供一定的货物、服务或设施而获得的要求义务人付款的权利，但不包括因票据或其他有价证券而产生的付款请求权。

（四）保证担保

保证合同是为保障债权的实现，保证人和债权人约定，当债务人不履行到期债务或者发生当事人约定的情形时，保证人履行债务或者承担责任的合同。具有代为清偿债务能力的法人及其他组织或公民（自然人）可以做保证人。

1. 保证的类型

保证的方式包括一般保证和连带责任保证。当事人在保证合同中对保证方式没有约定或者约定不明确的，按照一般保证承担保证责任。

当事人在保证合同中约定，债务人不能履行债务时，由保证人承担保证责任的，为一般保证。一般保证的保证人在主合同纠纷未经审判或者仲裁，并就债权人财产依法强制执行仍不能履行债务前，有权拒绝向债权人承担保证责任，但是有下列情形之一的除外：债务人下落不明，且无财产可供执行；人民法院已经受理债务人破产案件；债权人有证据证明债务人的财产不足以履行全部债务或者丧失履行债务能力；保证人书面表示放弃本款规定的权利。

当事人在保证合同中约定保证人和债务人对债务承担连带责任的，为连带责任保证。连带责任保证的债务人不履行到期债务或者发生当事人约定的情形时，债权人既可以请求债务人履行债务，也可以请求保证人在其保证范围内承担保证责任。

2. 保证责任的范围

保证担保的责任范围分为全部和部分两种。全部的保证担保责任范围完全与债务成立时确定的债务人的责任范围一致，包括如下内容：

一是主债权的全部。在保证合同中，如无具体的专门约定，应认为是担保主债权全部。

二是利息。利息有法定和约定两种，凡是因主债权所生的利息，无论是法定的还是约定的，均应列为保证担保的对象。法定利息，如迟延履行所生的利息（迟延利息），本来就是由主债权派生的，应属保证之列无疑；而约定利息及当事人另外约定的，虽也是从属于主债权的，但要适用前述限制性做法，也只有在事先成立保证合同时直接约定的，方可计入保证担保的债权范围。当然，如约定利息显失公平或法律有专门限定的，则应作适当调整或依法确定。

三是违约金。必须是就主债权所应付的违约金，才能予以保证担保。违约金虽说具有从属性，但有一定的独立性，需在主债权之外另定违约金合同或者另立独立的条款。因此，在适用保证时，与约定利息一样，采取限制性做法，也就是对于违约金的保证，应以保证合同与主债权成立的同时约定为限。

四是损害赔偿。由主债权而生的损害赔偿之债，应当予以保证。在这种情况下，不论损害赔偿之债的发生是因为债务不履行还是迟延履行，只要归结到债务人头上的，保证人就有代为赔偿或连带赔偿的义务。

五是实现债权的费用。如代理费用、公证费用、诉讼费用等原则上都是债权衍生出的负担，当列于保证范围之内。

部分保证担保责任范围，则是由保证人与债权人具体商定，只就全部保证担保责任中的某一部分代债务人履行债务承担法律责任。由于我国保证人所承担的保证担保的法律责任原则上是连带责任，即与债务人连带地承担履行债务或赔偿损失的责任，因而原则上其法律责任范围也就是全部保证担保责任。保证人所承担的法律责任范围限于保证人与债权人之间明确约定的保证担保责任。

债权人和债务人未经保证人书面同意，协商变更主债权债务合同内容，减轻债务的，保证人仍对变更后的债务承担保证责任；加重债务的，保证人对加重的部分不承担保证责任。

3. 保证期间

保证期间是指确定保证人承担保证责任的期间，不发生中止、中断和延长。

债权人与保证人可以约定保证期间，但是约定的保证期间早于主债务履行期限或者与主债务履行期限同时届满的，视为没有约定；没有约定或者约定不明确的，保证期间为主债务履行期限届满之日起 6 个月。债权人与债务人对主债务履行期限没有约定或者约定不明确的，保证期间自债权人请求债务人履行债务的宽限期届满之日起计算。

一般保证的债权人未在保证期间对债务人提起诉讼或者申请仲裁的，保证人不再承担保证责任。连带责任保证的债权人未在保证期间请求保证人承担保证责任的，保证人不再承担保证责任。

一般保证的债权人在保证期间届满前对债务人提起诉讼或者申请仲裁的，从保证人拒绝承担保证责任的权利消灭之日起，开始计算保证债务的诉讼时效。连带责任保证的债权人在保证期间届满前请求保证人承担保证责任的，从债权人请求保证人承担保证责任之日起，开始计算保证债务的诉讼时效。

债权人和债务人变更主债权债务合同的履行期限，未经保证人书面同意的，保证期间不受影响。

知识拓展及思政项目：警惕信用卡套现和恶意透支

《最高人民法院、最高人民检察院关于办理妨害信用卡管理刑事案件具体应用法律若干问题的解释》明确了相关信用卡犯罪的定罪量刑标准，为打击信用卡套现、信用卡诈骗等信用卡犯罪活动提供了法律依据。

信用卡套现是指违反国家规定，使用销售点终端机具（POS 机）等方法，以虚构交易、虚开价格、现金退货等方式向信用卡持卡人直接支付现金。对于信用卡套现，情节严重的，应当依据《刑法》第二百二十五条的规定，以非法经营罪处罚。数额在 100 万元以上的，或者造成金融机构资金 20 万元以上逾期未还的，或者造成金融机构经济损失 10 万元以上的，应当认定为"情节严重"，处 5 年以下有期徒刑或者拘役，并处或者单处违法所得 1 倍以上 5 倍以下罚金；数额在 500 万元以上的，或者造成金融机构资金 100 万元以上逾期未还的，或者造成金融机构经济损失 50 万元以上的，应当认定为"情节特别严重"，处 5 年以上有期徒刑，并处违法所得 1 倍以上 5 倍以下罚金或者没收财产。

信用卡恶意透支是指持卡人以非法占有为目的，超过规定限额或者规定期限透支，并且经发卡银行催收后仍不归还的行为。我国《刑法》第一百九十六条规定，信用卡恶意透支的，进行信用卡诈骗活动，数额较大的，处 5 年以下有期徒刑或者拘役，并处 2 万元以上 20 万元以下罚金；数额巨大或者有其他严重情节的，处 5 年以上 10 年以下有期徒刑，并处 5 万元以上 50 万元以下罚金；数额特别巨大或者有其他特别严重情节的，处 10 年以上有期徒刑或者无期徒刑，并处 5 万元以上 50 万元以下罚金或者没收财产。

有以下情形之一的，应当认定为《刑法》第一百九十六条第二款规定的"以非法占有为目的"：明知没有还款能力而大量透支，无法归还的；肆意挥霍透支的资金，无法归还的；透支后逃匿、改变联系方式，逃避银行催收的；抽逃、转移资金，隐匿财产，逃避还款的；使用透支的资金进行违法犯罪活动的；其他非法占有资金，拒不归还的行为。

恶意透支的数额，是指持卡人拒不归还的数额或者尚未归还的数额，不包括复利、滞纳金、手续费等发卡银行收取的费用。数额在 1 万元以上不满 10 万元的，应当认定为《刑法》第一百九十六条规定的"数额较大"；数额在 10 万元以上不满 100 万元的，应当认定为《刑法》第一百九十六条规定的"数额巨大"；数额在 100 万元以上的，应当认定为《刑法》第一百九十六条规定的"数额特别巨大"。

知识点 12　银行贷款的流程及制度

【教学目的】
  1. 重点掌握贷款的一般流程；
  2. 重点掌握银行贷款的审贷分离制度；
  3. 重点掌握银行贷款的不良贷款责任追究与尽职免责制度。

一、银行贷款的一般流程

（一）贷款申请

借款人需要贷款，应当向银行直接申请。借款人应当填写借款申请表，包括借款金额、借款用途、偿还能力及还款方式等内容，并提供相关资料。

公司客户一般需要统一社会信用代码证、开户许可证、公司章程、银行流水、纳税申报表以及完税凭证、近 3 年企业财务报表、环评报告、上下游业务合同、贷款用途证明等资料。

个人客户一般需要身份证、户口本、婚姻状况、工作情况、收入情况、家庭财产状况、财产共有人同意贷款意见书、个人征信记录、贷款用途证明等。

（二）贷前调查

银行（一般是银行客户经理）受理借款人贷款申请，并对借款信用状况进行分析，形成贷前调查报告，这个过程称为贷前调查。贷前调查是指贷款发放前银行对贷款申请人基本情况的调查，并对其是否符合贷款条件和可发放的贷款额度作出初步判断。

1. 调查的内容

个人贷款的贷前调查较为直观，着重查看借款个人的信用记录，其次了解其学历、经历、经营管理能力、业绩、社会关系、爱好、生活习惯、品行、年龄、健康状况等，最后再查看其第二还款来源情况。

公司贷款的贷前调查较为复杂，主要包括：

（1）确认借款企业法人主体的真实性、合法性。按照企业提供的法人营业执照正本，查对与借款人名称是否相符；到市场监督管理部门查询该企业的营业执照是否经过年检，法定代表人是否有变更；经济性质是否相符；贷款期限是否超过规定经营期限；借款用途是否在企业经营范围内。

（2）对借款企业信用状况的调查。深入企业实地查阅企业的应付账款账簿及其明细账，从中找出该企业拖欠他人的账款金额、赊欠原因、时间等，对企业的信用状况进行评估。另外还可以通过电话或函询的方式向被赊欠企业了解有关借款企业赊欠的原因、还款的基本情况，从而真正摸清借款企业的信用道德底细。

（3）对借款企业管理人员资质和管理能力的调查。要以市场监管部门登记备案资料为准，对企业法人代表和其他高级管理人员的基本情况及真实性进行严密的审查，不要拘泥于企业提供的介绍资料。对申请人提供的有关企业领导人的身份证件、学历证书等都以原件为准，并向有关部门查询其真实性。对其个人品行和领导能力的调查，应与该企业员工和经常客户进行座谈，了解企业领导人在企业经营管理中的个人能力和行为品质状况。

（4）生产经营状况的调查。首先，查阅该企业的各种会计账簿，通过其中记载的各种数据，计算出相应的经营指标，从而分析和了解企业的经营情况。其次，深入车间、厂房和库房，实地调查企业的生产环境、生产工作流程、产品质量监督情况和原材料及产成品的库存情况，并用数码相机、摄像机等设备做好记录，从而真实反映企业的生产经营状况。最后，通过查看借款企业近两年的会计报表计算出各项指标增长率、增长幅度，分析企业竞争力的变化。另外，还可以采取核实贷款企业在税务部门的纳税情况，从而反映出企业的真实生产效益；通过企业近几个月缴纳水电费等情况的对比分析，了解企业的实际生产经营情况。

（5）对借款企业财务情况的调查。根据企业提供的近3年的相关会计报表，计算出流动比率、资产负债率、销售利润率、资产利润率、应收账款周转率、存货周转率6个基本财务指标并进行比较分析。掌握借款人的财务状况，评估借款人的偿债能力，预测借款人的未来发展前景。

（6）对借款企业现金流量的分析。通过查询借款企业在农村信用社或他行开立的存款结算账户，进一步了解借款企业一段时期的存款、货款等资金回笼情况，预测未来一段时间现金流量，充分了解企业的资金流向及数量。

（7）对担保情况的调查。一是实地调查担保人或物的真实性、合法性和合规性。二是对担保方提供的有关证件和资料要与有关部门进行核实，确保担保财产的真实性和有效性。三是对担保财产做严格的市场评估，确保有足额的第二还款来源。

应当根据借款人的领导者素质、经济实力、资金结构、履约情况、经营效益和发展前景等因素，评定借款人的信用等级。评级既可由贷款人独立进行，内部掌握，也可由有权部门批准的评估机构进行。

2. 调查方法

（1）直接的现场调研，包括现场会谈、实地考察。

（2）间接的搜寻调查，通过各种媒介物搜寻有价值的资料开展调查。这些媒介物包括杂志、书籍、期刊、互联网资料、官方记录等。搜寻调查应注意信息渠道的权威性、可靠性和全面性。

（3）委托调查，通过中介机构或银行自身网络开展调查。

另外，既可通过了解借款人的关联企业、竞争对手或个人获取有价值信息，还可通过行业协会（商会、协会）、政府的职能管理部门（如市场监管、税务机关、公安部门等机构）了解客户的真实情况。

3. 信用等级评估

在上述调查的基础上，对借款人进行信用等级评估。客户信用评级是指银行采用定量和定性相结合的方式，以适当的模型与标准，客观、准确评估借款人的违约风险程度，最终确定借款人的信用风险评分和信用等级。

（三）贷款审查审批

银行客户经理将受理的相关材料和撰写的调查报告一并上传信贷业务系统，上报有权审批人进行审查审批。银行应当按照审贷分离、分级审批的贷款管理制度进行贷款审查审批。

审查人员应当对调查人员提供的资料进行核实、评定，复测贷款风险度，提出意见，按规定权限报批。

贷款审批是主管信贷业务的人员在规定的审批权限内，依据借款申请书和贷前调查意见，进行认定事实、掌握政策、确定贷款的过程。流动资金贷款实行三级审批制。主管领导人对贷款发放的结果负决策责任。认定事实，即审批人对企业和信贷员提供的贷款原因和用途进行复审，正确判定其性质。掌握政策，即以认定的事实为依据，根据国家和上级银行确定的信贷政策，最终确定贷与不贷、贷多贷少的意见。确定贷款，主要是决定贷款数额、还款期限、利率和贷款方式。有些贷款主管领导还应对信贷人员提出跟踪调查和监测的要求。任何一笔贷款都须坚持执行"两签"或"三签"的贷款审批原则。即每笔贷款都必须由信贷员调查提出初审意见，信贷科长审查批准方可生效发放，对额度较大或按规定必须"三签"的贷款，应经行长签批发放。任何个人不得单独签批发放贷款。

（四）签订借款合同

银行与借款人签订借款合同。借款合同应当约定借款种类、借款用途、金额、利率、期限、还款方式、借贷双方的权利义务、违约责任和双方认为需要约定的其他事项。

保证贷款还应当由保证人与贷款人签订保证合同，或保证人在借款合同上载明与贷款人协商一致的保证条款，加盖保证人的法人公章，并由保证人的法定代表人或其授权代理人签署姓名。抵质押贷款应当由抵押人、出质人与贷款人签订抵押合同、质押合同，需要办理登记的，应依法办理登记。

（五）贷款发放

银行按借款合同规定按期发放贷款。银行未按照约定的日期、数额提供贷款，造成借款人损失的，应当赔偿损失。借款人应当按照约定的日期、数额支付本息。

（六）贷后检查

贷款发放后，还未到期之前，银行应当对借款人执行借款合同情况、借款人的经营情况及贷款使用效果进行追踪调查和检查，以及时了解贷款的质量，并动态采取相应的措施。贷后检查是事后信贷监督，与贷前调查、贷时审查相互联系，相互补充，对贷款质量管理起着重要的作用。

贷后检查的主要内容有：是否按借款合同规定的用途使用借款，贷款是否能收到预期效益，企业产供销及市场情况有无意外变化，企业流动资金是否完整无缺，抵押品是否保持完好。

2001 年，中国人民银行全面推行贷款质量五级分类管理，要求银行把贷款质量五级分类纳入日常信贷管理工作，对所发放和管理的贷款，根据日常风险变化情况进行监控和分类。评估银行贷款质量，采用以风险为基础的分类方法（简称贷款风险分类法），即把贷款分为正常、关注、次级、可疑和损失五类，后三类合称为不良贷款。

1. 正常贷款。借款人能够履行借款合同，一直能正常还本付息，不存在任何影响贷款本息及时全额偿还的消极因素，银行对借款人按时足额偿还贷款本息有充分把握。

2. 关注贷款。尽管借款人依照当前情况有能力偿还贷款本息，但存在一些可能对偿还产生不利影响的因素，如这些因素继续下去，借款人的偿还能力将受到影响。

3. 次级贷款。借款人的还款能力出现明显问题，完全依靠其正常营业收入无法足额偿还贷款本息，需要通过处分资产或对外融资乃至执行抵押担保来还款付息。

4. 可疑贷款。借款人无法足额偿还贷款本息，即使执行抵押或担保，也肯定要造成一部分损失，只是因为存在借款人重组、兼并、合并、抵押物处理和未决诉讼等待定因素，损失金额的多少还不能确定。

5. 损失贷款。借款人已无偿还本息的可能，无论采取什么措施和履行什么程序，贷款都注定要损失了，或者虽然能收回极少部分，但其价值也是微乎其微，从银行的角度看，也没有意义和必要再将其作为银行资产在账目上保留下来。对于这类贷款，银行在履行了必要的法律程序之后应立即予以注销。

（七）到期收回贷款或者不良贷款处置

借款人应当按照借款合同规定按时足额归还贷款本息。我国《民法典》规定，借款期限没有约定或者约定不明确的，依据本法第五百一十条的规定仍不能确定的，借款人可以随时返还，贷款人可以催告借款人在合理期限内返还。

1. 还本付息通知

银行在贷款到期之前，一般来说，短期贷款到期 1 个星期之前、中长期贷款到期 1 个月之前，应当向借款人发送还本付息通知单；借款人应当及时筹备资金，按时还本付息。

2. 提前还款问题

《民法典》规定，借款人提前返还借款的，除当事人另有约定外，应当按照实际借款的期间计算利息。一般来说，银行借款合同中都会约定提前还款条款，列明提前还款的期限、金额等条件以及相应的违约处理，即提前还款费用。

3. 不良贷款处置

银行对逾期的贷款会及时发出催收通知单，做好逾期贷款本息的催收工作。《民法典》规定，借款人未按照约定的期限返还借款的，应当按照约定或者国家有关规定支付逾期利息。

（1）展期。《民法典》规定，借款人可以在还款期限届满前向贷款人申请展期；银行同意的，可以展期。

（2）司法诉讼。对借款人不能归还或者不能落实还本付息事宜的，银行应当督促归还或者依法起诉，实现担保物权，或者申请法院强制执行债务人名下的资产。

（3）不良贷款核销。依据《金融企业呆账核销管理办法（2017 年版）》，核销不良贷款。呆账贷款是指银行承担风险和损失，符合本办法认定条件的债权。核销是指银行将认定的呆账冲销已计提的资产减值准备或直接调整损益，并将资产冲减至资产负债表外。银行核销呆账应当遵循"符合认定条件、提供有效证据、账销案存、权在力催"的基本原则。对于核销后的呆账，金融企业要继续尽职追偿，尽最大可能实现回收价值最大化。

二、审贷分离、分级审批、集体决策

（一）审贷分离

审贷分离是指将信贷业务过程中的调查、审查和审批环节进行分离，分别由不同层次机构、不同部门（岗位）以及不同人员承担，以实现相互制约并充分发挥专业优势的信贷管理制度。

一方面，信贷调查、审查和审批岗位相分离，特别是将其中负责贷款调查的业务部门（岗位）与负责贷款审查审批的管理部门（岗位）相分离，可以达到相互制约的目的；信贷审查审批人员独立判断风险，保证信贷审查审批的独立性和科学性。另一方面，信贷业务流程分工细化，可以发挥各自专业化的优势；信贷业务人员专注于客户开发和沟通，可以提高业务效率；信贷审查审批人员相对固定，实现专家审贷，减少信贷决策失误。

针对贷款经营的不同情况，审贷分离制度会采取不同的形式：

（1）岗位分离。在基层经营单位，如信贷规模较小的支行，由于人员限制，无法设立独立的部门履行信贷审查的职能，一般设置信贷业务岗和信贷审查岗，由信贷审查岗履行信贷审查的职能。

（2）部门分离。在分行乃至总行等较高层级的单位，一般分别设置信贷业务经营部门和授信审查部门，前者履行贷前调查和贷款管理职能，后者履行信贷审查职能。

（3）地区分离。有的商业银行设立地区信贷审批中心，负责某个地区辖内机构超权限的贷款审批，旨在通过地区分离、异地操作来保证贷款审批的独立性。

（二）分级审批

商业银行经营采取总分银行制，分支机构在总行的授权下开展业务，这种分级管理和授权体现在贷款业务上就是贷款分级审批制度。

银行一般会根据分支机构的业务量大小、管理水平确定各级分支机构的审批权限，超过审批权限的贷款，应由上级行审批。

（三）集体决策

对贷款业务人员提交的贷款调查，经审查部门（人员）审查后提交贷款审批部门（人员），最终作出贷款决策。审查人员是贷款审批过程中的一个环节，无最终决策权。审查人员即使对贷款发放持否定态度，也应按正常的信贷流程继续进行审批；审批人员参考审查员意见后，对是否批准贷款提出明确的意见。

贷款决策权一般由贷款审查委员会或最终审批人行使。我国商业银行一般采取贷款集体审议决策机制，多数银行设立各级贷款审查委员会。一般来说，在总行层级设立的是贷款审查委员会，在下级行设立的是贷款审议小组。在贷款审批中，应按规定权限、程序进行贷款审批，不得违反程序、减少程序或逆程序审批授信业务。

贷审会人员既不能过多，也不能过少，且必须为单数。审议表决应当遵循"集体审查审议、明确发表意见、绝对多数通过"的原则。

贷审会作为授信业务决策的集体议事机构，评价和审议信贷决策事项，为最终审批人提供决策支持。贷审会投票未通过的信贷事项，有权审批人不得审批同意；对贷审会通过的授信，有权审批人可以否定。

未通过贷审会审查的授信可以申请复议，但必须符合一定条件，且间隔时间不能太短。贷审会成员发表的全部意见应当记录存档，且要准确反映审议过程，以备后续的授信管理和履职检查。

三、统一授信制度

统一授信制度是指商业银行对单一法人客户或地区统一确定最高综合授信额度，并加以集中统一控制的信用风险管理制度，包括贷款、贸易融资（如打包放款、进出口押汇等）、贴现、承兑、信用证、保函、担保等表内外信用发放形式的本外币统一综合授信。

最高综合授信额度是指商业银行在对单一法人客户的风险和财务状况进行综合评估的基础上，确定的能够和愿意承担的风险总量。银行对该客户提供的各类信用余额之和不得超过该客户的最高综合授信额度。

四、不良贷款责任追究与尽职免责制度

（一）不良贷款责任追究

随着我国商业银行市场化运作改革的逐步深入，商业银行经营管理水平的不断提高，实行不良贷款责任追究制度是商业银行信贷制度的重要方式。一些商业银行甚至实行贷款责任终身追究制度。不良贷款责任追究制度是指银行信贷从业人员因过错、不履行或不正确履行规定的信贷岗位职责，造成信贷资产损失时，需要追查原因、追究相关责任的一种制度。

责任追究是落实信贷责任的具体措施，具体责任追究形式如下：赔偿损失；经济处罚，包括罚款、扣发考核性工资；纪律处分，包括警告、记过、记大过、降级、撤职、留用察看、开除；其他行政处分，包括通报批评、离岗清收、限期调离、解聘专业技术职务、辞退、除名、解除劳动合同等；对有犯罪嫌疑的，移交国家司法机关处理。

责任追究对象为信贷业务各环节的调查、审查、审批人员以及贷款发放、贷后管理、贷款清收等全流程责任人员。

贷前调查责任人员的下列信贷调查行为产生信贷资产损失的，应承担责任：（1）帮助客户编造虚假材料套取银行信用的；（2）应当发现而未发现或对发现的重大问题故意隐瞒，误导贷款审查的；（3）不坚持独立调查原则，按照他人授意进行调查的；（4）未按规定核实抵押物、质物、质押权利及保证人情况，造成担保合同无效或保证人、抵（质）押物、质押权利不具备担保条件的；（5）因主观故意或重大过失造成调查结论缺乏科学性的。

信贷审查责任人员的下列行为产生信贷资产损失的，应承担责任：（1）审查中应当发现而未发现或隐瞒已发现的重大问题并审查通过的；（2）不坚持独立审查原则，按照他人授意进行审查并审查通过的；（3）未经调查程序进行审查并提交正式审查报告的；（4）审查通过明显不符合国家产业政策、信贷政策、信贷投向的信贷调查报告和评估报告的；（5）未对调查部门送交的信贷资料、调查资料的完整性进行审查，予以通过的；（6）审查通过没有明确的调查、经办主责任人的信贷业务的。

信贷审批责任人员的下列行为产生信贷资产损失的，应承担责任：（1）向关系人审批发放信用贷款或以优于其他借款人的条件向关系人发放担保贷款的；（2）审批发放须经贷审会审议而未审议或审议未通过的信贷业务的；（3）审批发放明显不符合信贷政策和贷款条件的信贷业务的；（4）越权或变相越权审批信贷业务的；（5）逆程序或变相逆程序审批信贷业务的；（6）违反规定向国家明令禁止的行业或企业发放贷款的；（7）未经特别授权，超过核定的客户综合授信额度审批发放贷款的。

贷后检查责任人员的下列行为产生信贷资产损失的，应承担责任：（1）在贷款发放后未按规定进行信贷跟踪检查的；（2）未按规定检查和确认抵（质）押物的价值和保管情况的；（3）对贷款检查中发现的违规行为未予以指出并采取相应措施的。

（二）尽职免责制度

贷款责任追究制度是一把"双刃剑"，既有利于提高银行贷款质量，也会出现"不敢贷、不愿贷"的问题，特别是对民营企业、中小企业。因此，我国在监管层面提出"建立健全尽职免责机制，提高不良贷款考核容忍度"。

贷款尽职免责制度是指信贷从业人员在贷款业务办理过程中全面正确地遵守有关法律法规、制度规章完成了规定动作，未违反禁止性规定，不存在主观故意违规意图或道德风险，不予追究责任。按照信贷业务形成不良或造成损失的因素分析，信贷从业人员免责大致可以分为以下两种情形。

1. 不可抗力型免责。因自然灾害等不可抗力因素，直接导致出现不良贷款，或对不良贷款的形成具有关键性影响，且在风险发生后，相关工作人员及时揭示风险并第一时间采取了必要的减损措施，应予以免责。

2. 行为尽职型免责。无确切证据证明信贷从业人员未按照标准化、制度化、规范化操作流程完成相关操作或未勤勉尽职，信贷业务流程中存在非主观恶意的轻微过错，但整个业务流程符合客户信息真实、风险释放有效、预警处理及时、追偿措施到位，没有道德风险，应予以免责。

五、贷款损失准备制度

银行在贷款业务中会依据谨慎会计原则，合理估计贷款可能发生的损失，及时计提贷款损失准备。2011 年 7 月 27 日，银监会发布《商业银行贷款损失准备管理办法》。

贷款损失准备是指商业银行在成本中列支、用于抵御贷款风险的准备金，不包括在利润分配中计提的一般风险准备。

为考核银行贷款损失准备的充足性，该办法设置了两个指标：贷款拨备率和拨备覆盖率。贷款拨备率为贷款损失准备与各项贷款余额之比，拨备覆盖率为贷款损失准备与不良贷款余额之比。

贷款拨备率基本标准为 2.5%，拨备覆盖率基本标准为 150%。该两项标准中的较高者为商业银行贷款损失准备的监管标准。

知识拓展及思政项目：认识征信"黑名单"制度

征信是指中国人民银行征信中心面向社会公众和金融机构提供的征信系统，包括个人学历信息、通信地址、户籍地址、所有个人手机号、配偶信息等。征信记录良好是客户申请贷款的最基本条件。用户在银行申请信用卡或是办理贷款时，银行会查询用户的个人征信，只有信用良好才能通过申请，如果个人征信有不良记录，银行会驳回用户申请信用卡或办理贷款的申请。

征信"黑名单"也被称作失信被执行人名单，被列入"黑名单"的大多是不履行还债义务、被强制执行还债的人。此外，征信报告中的"不良信息"还包括违约信息、欠税信息、法院和行政处罚信息。征信"黑名单"的作用就是提高公众的守信意识，让借钱不还的人无处遁形。

被列入征信"黑名单"的人，任何机构都不会发放贷款，在生活中有很多方面都会被限制。(1) 限制高消费，乘坐交通工具时，不得选择飞机、列车软卧、轮船二等以上舱位；不得在星级以上宾馆、酒店、夜总会、高尔夫球场等场所进行高消费；不得购买不动产或者新建、扩建、高档装修房屋；不得租赁高档写字楼、宾馆、公寓等场所办公；不得购买非经营必需车辆；不得旅游、度假；子女不能就读高收费私立学校；不得支付高额保费购买保险理财产品；不得乘坐 G 字头动车组列车全部座位、其他动车组列车一等以上座位等其他非生活和工作必需的消费行为。(2) 限制出入境。(3) 限制担任国有企业法定代表人、董事、监事，限制招录（聘）为公务员或事业单位工作人员等。

知识点 13　理财的性质

【教学目的】
　　1. 认识理财、资产管理；
　　2. 重点掌握资管新规对资产管理产品的定义；
　　3. 重点掌握资管新规对资产管理产品运作管理的监管要求；
　　4. 重点掌握相关法律对资产管理产品的法律定位。

一、理财简史

　　早期的银行客户只限定在很小的圈子里，仅仅是针对现代银行客户对象中的私人银行客户；随着货币的演变以及金融的发展，客户才发展到普通社会大众。在银行开立一个账户，成为现代人参与社会经济生活必不可少的条件和手段。这也可以理解成大众银行时代的到来。

　　与此类同，理财业务的供给和需求，早期也只是很少一部分人的活动，仅仅是针对现在所谓的高净值客户及其财富增值保值需求。"理财"一词，最早见于 20 世纪 90 年代初期的报端。随着我国金融机构、金融市场的扩容以及金融业务、金融产品的日趋丰富，随着居民货币收入的不断增长，普通社会公众开始出现"钱生钱"的需求，"理财"概念逐渐走俏，"大众理财"时代来临。

　　何为理财？严格意义来讲，理财就是管理财务，也就是市场主体的现金流量管理与风险管理，以实现财务的保值、增值。在一般大众眼里，其实理财就是"赚钱"。

　　我国的状况是，在很长一段时间内，特别是在 2000 年之前，居民的金融财富大多停留在储蓄存款上。随着居民货币收入与日俱增，我国银行储蓄存款规模不断攀升。为此，我国不断引导资本市场的发展，大力拓展股票的发行和流通，居民开始纷纷进入股票市场，进行股票投资，从此掀起了大众理财的风潮。

　　但是，股票市场风险大，在股市剧烈波动和行情低迷时，股民们急需新的投资品种和投资方式的出现。因此，在保守的储蓄存款与直接的股票投资交易的基础上，出现了代客理财模式。在民间，一些社会人士和机构开始利用自身具有的专业投资能力，为一些特殊客户或普通大众提供投资咨询、代理投资业务，典型的方式包括民间借贷、私募基金、合伙投资等。

　　金融监管部门开始允许设立专业金融机构，最典型的就是公募基金、信托计划，此二者算是最早的严格意义上的代客理财。除此之外，传统金融机构也开始涉足代客理财业务，包括银行理财产品、券商集合资产管理计划、保险资产管理产品。在官方文件中，将此类业务统称为"资产管理"。

随着互联网金融的出现、余额宝的横空出世、P2P 借贷（理财）的蓬勃发展，互联网金融又为大众理财提供了一股新势力。

二、资产管理产品的性质

资产管理产品，通俗一点说就是"受人之托、代人理财"，其本质属于专家理财的工具。资产管理产品以不同的法律形式（如有限合伙、契约、信托、公司等）表现，资产管理产品的份额既可以是契约型基金的共有权份额，也可以表现为公司股份、股权或有限合伙企业的合伙份额。例如，我们日常生活中经常能接触到的公募证券投资基金、银行理财产品、支付宝的货币基金等，都属于典型的资产管理产品。

我国资产管理业务快速发展，在满足居民和企业投融资需求、改善社会融资结构等方面发挥了积极作用，但也存在部分业务发展不规范、多层嵌套、刚性兑付、规避金融监管和宏观调控等问题。2018 年 4 月 27 日，《中国人民银行、中国银行保险监督管理委员会、中国证券监督管理委员会、国家外汇管理局关于规范金融机构资产管理业务的指导意见》（资管新规）出台，规范了金融机构资产管理业务，统一了同类资产管理产品监管标准，有效防控金融风险，引导社会资金流向实体经济，更好地支持经济结构调整和转型升级。

（一）资产管理业务的概念

资产管理业务是指银行、信托、证券、基金、期货、保险资产管理机构、金融资产投资公司等金融机构接受投资者委托，对受托的投资者财产进行投资和管理的金融服务。金融机构为委托人利益履行诚实信用、勤勉尽责义务并收取相应的管理费用，委托人自担投资风险并获得收益。金融机构可以与委托人在合同中事先约定收取合理的业绩报酬，业绩报酬计入管理费，须与产品一一对应并逐个结算，不同产品之间不得相互串用。

资产管理业务是金融机构的表外业务，金融机构开展资产管理业务时不得承诺保本保收益。出现兑付困难时，金融机构不得以任何形式垫资兑付。金融机构不得在表内开展资产管理业务。

（二）资产管理业务的类型

资产管理产品包括但不限于人民币或外币形式的银行非保本理财产品，资金信托，证券公司、证券公司子公司、基金管理公司、基金管理子公司、期货公司、期货公司子公司、保险资产管理机构、金融资产投资公司发行的资产管理产品等。

按照募集方式的不同，资产管理产品分为公募产品和私募产品。公募产品面向不特定社会公众公开发行。公开发行的认定标准依照《中华人民共和国证券法》执行。私募产品面向合格投资者，通过非公开方式发行。

按照投资性质的不同，资产管理产品分为固定收益类产品、权益类产品、商品及金融衍生品类产品和混合类产品。固定收益类产品投资于存款、债券等债权类资产的比例不低于 80%；权益类产品投资于股票、未上市企业股权等权益类资产的比例不低于

80%；商品及金融衍生品类产品投资于商品及金融衍生品类资产的比例不低于80%；混合类产品投资于债权类资产、权益类资产、商品及金融衍生品类资产且任一资产的投资比例未达到前三类产品标准。非因金融机构主观因素导致突破前述比例限制的，金融机构应当在流动性受限资产可出售、可转让或者恢复交易的15个交易日内调整至符合要求。

金融机构在发行资产管理产品时，应当按照上述分类标准向投资者明示资产管理产品的类型，并按照确定的产品性质进行投资。在产品成立后至到期日前，不得擅自改变产品类型。混合类产品投资债权类资产、权益类资产和商品及金融衍生品类资产的比例范围应当在发行产品时予以确定并向投资者明示，在产品成立后至到期日前不得擅自改变。产品的实际投向不得违反合同约定，如有改变，除高风险类型的产品超出比例范围投资较低风险资产外，应当先行取得投资者书面同意，并履行登记备案等法律法规以及金融监督管理部门规定的程序。

三、资产管理产品运作的监管要求

（一）合格投资者认定标准

资产管理产品的投资者分为不特定社会公众和合格投资者两大类。合格投资者是指具备相应风险识别能力和风险承担能力，投资于单只资产管理产品不低于一定金额且符合下列条件的自然人和法人或者其他组织：（1）具有2年以上投资经历，且满足以下条件之一：家庭金融净资产不低于300万元，家庭金融资产不低于500万元，或者近3年本人年均收入不低于40万元。（2）最近1年末净资产不低于1000万元的法人单位。（3）金融管理部门视为合格投资者的其他情形。

合格投资者投资于单只固定收益类产品的金额不低于30万元，投资于单只混合类产品的金额不低于40万元，投资于单只权益类产品、单只商品及金融衍生品类产品的金额不低于100万元。

（二）资产管理产品可投资范围

公募产品主要投资标准化债权类资产以及上市交易的股票，除法律法规和金融管理部门另有规定外，不得投资未上市企业股权。公募产品可以投资商品及金融衍生品，但应当符合法律法规以及金融管理部门的相关规定。资管新规补充文件中提出，公募资产管理产品除主要投资标准化债权类资产和上市交易的股票外，还可以适当投资非标准化债权类资产，但应当符合资管新规关于非标准化债权类资产投资的期限匹配、限额管理、信息披露等监管要求。

私募产品的投资范围由合同约定，可以投资债权类资产、上市或挂牌交易的股票、未上市企业股权（含债转股）和受（收）益权以及符合法律法规规定的其他资产，并严格遵守投资者适当性管理要求。鼓励充分运用私募产品支持市场化、法治化债转股。

标准化债权类资产应当同时符合以下条件：（1）等分化，可交易。（2）信息披露充分。（3）集中登记，独立托管。（4）公允定价，流动性机制完善。（5）在银行间市场、证券交易所市场等经国务院同意设立的交易市场交易。标准化债权类资产之外的债权类资产均为非标准化债权类资产。

（三）估值方法

金融机构对资产管理产品应当实行净值化管理，净值生成应当符合企业会计准则规定。金融资产坚持公允价值计量原则，鼓励使用市值计量。符合以下条件之一的，可按照企业会计准则以摊余成本进行计量：（1）资产管理产品为封闭式产品，且所投金融资产以收取合同现金流量为目的并持有到期。（2）资产管理产品为封闭式产品，且所投金融资产暂不具备活跃交易市场，或者在活跃市场中没有报价，也不能采用估值技术可靠计量公允价值。

金融机构以摊余成本计量金融资产净值，应当采用适当的风险控制手段，对金融资产净值的公允性进行评估。当以摊余成本计量已不能真实公允反映金融资产净值时，托管机构应当督促金融机构调整会计核算和估值方法。金融机构前期以摊余成本计量的金融资产的加权平均价格与资产管理产品实际兑付时金融资产的价值的偏离度不得达到5%或以上，如果偏离5%或以上的产品数超过所发行产品总数的5%，金融机构不得再发行以摊余成本计量金融资产的资产管理产品。

（四）集中度管理

金融机构应当控制资产管理产品所投资资产的集中度：（1）单只公募资产管理产品投资单只证券或者单只证券投资基金的市值不得超过该资产管理产品净资产的10%。（2）同一金融机构发行的全部公募资产管理产品投资单只证券或者单只证券投资基金的市值不得超过该证券市值或者证券投资基金市值的30%。其中，同一金融机构全部开放式公募资产管理产品投资单一上市公司发行的股票不得超过该上市公司可流通股票的15%。（3）同一金融机构全部资产管理产品投资单一上市公司发行的股票不得超过该上市公司可流通股票的30%。

（五）打破刚兑

经金融管理部门认定，存在以下行为的视为刚性兑付：（1）资产管理产品的发行人或者管理人违反真实公允确定净值原则，对产品进行保本保收益。（2）采取滚动发行等方式，使资产管理产品的本金、收益、风险在不同投资者之间发生转移，实现产品保本保收益。（3）资产管理产品不能如期兑付或者兑付困难时，发行或者管理该产品的金融机构自行筹集资金偿付或者委托其他机构代为偿付。（4）金融管理部门认定的其他情形。

经认定存在刚性兑付行为的，区分以下两类机构进行惩处：（1）存款类金融机构发生刚性兑付的，认定为利用具有存款本质特征的资产管理产品进行监管套利，由国务院银行保险监督管理机构和中国人民银行按照存款业务予以规范，足额补缴存款准备金和存款保险保费，并予以行政处罚。（2）非存款类持牌金融机构发生刚性兑付的，认定为违规经营，由金融监督管理部门和中国人民银行依法纠正并予以处罚。

任何单位和个人发现金融机构存在刚性兑付行为的，可以向金融管理部门举报，查证属实且举报内容未被相关部门掌握的，给予适当奖励。

外部审计机构在对金融机构进行审计时，如果发现金融机构存在刚性兑付行为的，应当及时报告金融管理部门。外部审计机构在审计过程中未能勤勉尽责，依法追究相应责任或依法依规给予行政处罚，并将相关信息纳入全国信用信息共享平台，建立联合惩戒机制。

四、对资产管理产品法律性质的进一步认识

资管新规列举的资管产品，无论是集合资产管理计划还是接受单一客户委托打理资金的单一资产管理计划，其模式本质都是由投资者将资金汇集交付专家运作并获得投资收益、承担投资风险的行为。

资管新规尽管对资产管理产品作出了界定，但并没有明示资管行业的上位法，对资管业务核心究竟是委托—代理关系还是信托关系这个问题，也没有给出答案。资管新规的出台背景主要是针对当时金融市场因为杠杆比率过高而引发的系统性市场风险，希望通过集中监管以消除政策套利产生的多层嵌套，打击抑制通道业务，打破刚性兑付。这就意味着资管新规主要的落脚点是在监管执行层面，它不可能突破现有法律框架，而是从基础法律关系层面给出答案。

（一）《九民纪要》对于资产管理产品的意义和相关规定

2019 年 11 月 8 日，最高人民法院发布《全国法院民商事审判工作会议纪要》（以下简称《九民纪要》）。《九民纪要》第八十八条规定，根据《关于规范金融机构资产管理业务的指导意见》的规定，信托公司之外的其他金融机构开展的资产管理业务构成信托关系的，当事人之间的纠纷适用信托法及其他有关规定处理。

这句话看起来很简单，但其对资产管理产品的认定有实质的影响力。它宣布了信托法成为资产管理产品的法律基础，信托法不再是信托公司一家的信托法，也成为解决资管业务的民事主体之间争议的基础法律。它标志着对资管行业的监管从机构监管转到功能监管和行为监管。换句话说，就是只要你做了同样的事情，就有同一个人管、统一管，大家都按照同一个标准。无论你是什么身份，无论你是商业银行还是保险公司，是信托公司还是基金公司，只要你是接受委托，以获取报酬为目的，以受托人的身份去做这个代人理财的事情，就构成信托关系。

《九民纪要》对资管业务中争议已久的问题作出了明确的解释。

1. 关于投资者适当性标准

《九民纪要》要求"人民法院应当根据产品、投资活动的风险和金融消费者的实际情况，综合理性人能够理解的客观标准和金融消费者能够理解的主观标准来确定卖方机构是否已经履行了告知说明义务。卖方机构简单地以金融消费者手写了诸如'本人明确知悉可能存在本金损失风险'等内容主张其已经履行了告知说明义务，不能提供其他相关证据的，人民法院对其抗辩理由不予支持。"

《九民纪要》规定了免责抗辩事由，"卖方机构能够举证证明根据金融消费者的既往投资经验、受教育程度等事实，适当性义务的违反并未影响金融消费者作出自主决定的，对其关于应当由金融消费者自负投资风险的抗辩理由，人民法院依法予以支持。"

2. 关于差额补足

《九民纪要》第九十条规定，信托文件及相关合同将受益人区分为优先级受益人和劣后级受益人等不同类别，约定优先级受益人以其财产认购信托计划份额，在信托到期后，劣后级受益人负有对优先级受益人从信托财产获得利益与其投资本金及约定收益之间的差额承担补足义务，优先级受益人请求劣后级受益人按照约定承担责任的，人民法

院依法予以支持。然而这条和资管新规第二十条"分级资产管理产品不得直接或者间接对优先级份额认购者提供保本保收益安排"似乎是矛盾的。

《九民纪要》第九十一条规定，信托合同之外的当事人提供第三方差额补足、代为履行到期回购义务、流动性支持等类似承诺文件作为增信措施，其内容符合法律关于保证的规定的，人民法院应当认定当事人之间成立保证合同关系。

《九民纪要》第九十二条规定，保底或者刚兑条款无效。信托公司、商业银行等金融机构作为资产管理产品的受托人与受益人订立的含有保证本息固定回报、保证本金不受损失等保底或者刚兑条款的合同，人民法院应当认定该条款无效。受益人请求受托人对其损失承担与其过错相适应的赔偿责任的，人民法院依法予以支持。这意味着，即使双方合意签订了关于资产管理产品的保底条款，法院也不承认该条款的效力。

综上所述，法院对于差额补足业务根据承诺主体来确认其效力，对于劣后级对优先级的差额补足义务以及第三方的差额补足、代为履行到期回购义务等"间接补足"做法持效力认可态度，但对受托人和委托人之间的直接保底条款是不认可的。

3. 关于通道业务效力规定

《九民纪要》第九十三条规定，当事人在信托文件中约定，委托人自主决定信托设立、信托财产运用对象、信托财产管理运用处分方式等事宜，自行承担信托资产的风险管理责任和相应风险损失，受托人仅提供必要的事务协助或者服务，不承担主动管理职责的，应当认定为通道业务。

（二）新《证券法》对资产管理产品的意义和相关规定

2019 年新《证券法》第二条新增第三款规定："资产支持证券、资产管理产品发行、交易的管理办法，由国务院依照本法的原则规定。"新《证券法》确定了资产管理产品本身作为"证券"的一种的法律地位。

资产管理产品因其涉及众多投资者的资产份额，同时涉及资金总量巨大，兼具"证券"与"机构投资者"的双重属性，除了需要由民商法基础提供单个资管产品的合同架构、明确合同参与各方的权利和义务外，由监管法从金融市场秩序稳定与投资者保护角度，防范资管业务可能引发的系统性风险就显得尤为重要。

资管产品和资产证券化（ABS）本质上是标准化的投融资金融产品，符合证券的筹集资金、由他人从事经营活动、获取收益并承担风险、可交易、可转让等金融属性。《证券法》将 ABS 和资管产品纳入证券范畴，是《证券法》由"股票法"回归证券本源的一大进步。

除了为资产管理产品正名，《证券法》也增加了对资产管理产品有直接影响的相关规定：

（1）《证券法》新设"投资者保护"专章，大幅度提高投资者保护水平，其中规定了投资者适当性制度和证券代表人诉讼制度。《证券法》首次在法律层面明确了卖方机构的适当性管理义务以及民事赔偿责任。这一规定与《九民纪要》一脉相承。

（2）《证券法》第八十八条规定：证券公司向投资者销售证券、提供服务时，应当按照规定充分了解投资者的基本情况、财产状况、金融资产状况、投资知识和经验、专业能力等相关信息；如实说明证券、服务的重要内容，充分揭示投资风险；销售、提供与投资者上述状况相匹配的证券、服务。投资者在购买证券或者接受服务时，应当按照证券公司明示的要求提供前款所列真实信息。拒绝提供或者未按照要求提供信息的，证券公司应当告知其后果，并按照规定拒绝向其销售证券、提供服务。证券公司违反第一款规定导致投资者损失的，应当承担相应的赔偿责任。

（3）《证券法》第八十九条规定，根据财产状况、金融资产状况、投资知识和经验、专业能力等因素，投资者可以分为普通投资者和专业投资者。专业投资者的标准由国务院证券监督管理机构规定。普通投资者与证券公司发生纠纷的，证券公司应当证明其行为符合法律、行政法规以及国务院证券监督管理机构的规定，不存在误导、欺诈等情形。证券公司不能证明的，应当承担相应的赔偿责任。

知识拓展及思政项目：警惕非法集资

非法集资是指单位或者个人未依照法定程序经有关部门批准，以发行股票、债券、彩票、投资基金证券或者其他债权凭证的方式向社会公众筹集资金，并承诺在一定期限内以货币、实物以及其他方式向出资人还本付息或给予回报的行为。

非法集资的四大特征：

（1）未经有关部门依法批准，包括没有批准权限的部门批准的集资，有审批权限的部门超越权限批准的集资，即集资者不具备集资的主体资格。

（2）承诺在一定期限内给出资人还本付息。还本付息的形式除以货币形式为主外，也有实物形式和其他形式。

（3）向社会不特定的对象筹集资金。这里"不特定的对象"是指社会公众，而不是指特定少数人。

（4）以合法形式掩盖其非法集资的实质。为掩饰其非法目的，犯罪分子往往与投资人（受害人）签订合同，伪装成正常的生产经营活动，最大限度地实现其骗取资金的最终目的。

非法集资的常见手段：

（1）承诺高额回报。不法分子编造"天上掉馅饼""一夜成富翁"的神话，许诺投资者高额回报。为了骗取更多的人参与集资，非法集资人在集资初期往往按时足额兑现承诺本息，待集资达到一定规模后，便秘密转移资金或携款潜逃，使集资参与人遭受经济损失。

（2）编造虚假项目。不法分子大多通过注册合法的公司或企业，打着响应国家产业政策、开展创业创新等幌子，编造各种虚假项目，有的甚至组织免费旅游、考察等，骗取社会公众信任。

（3）以虚假宣传造势。不法分子在宣传上往往一掷千金，聘请明星代言、名人站台，在各大广播电视、网络等媒体发布广告，在著名报刊上刊登专访文章，雇人广为散发宣传单，通过社会捐赠等方式，制造虚假声势。

（4）利用亲情诱骗。有些类传销非法集资的参与人，为了完成或增加自己的业绩，不惜利用亲情、地缘关系，编造自己获得高额回报的谎言，拉拢亲朋、同学或邻居加入，使参与人员迅速蔓延，集资规模不断扩大。

对于非法集资所需承担的法律责任，我国《刑法》规定，非法集资根据主观态度、行为方式、危害结果等具体情况的不同，构成相应的罪名，其中最主要的是《刑法》第一百七十六条规定的非法吸收公众存款罪和第一百九十二条规定的集资诈骗罪。

　　《刑法》规定，犯非法吸收公众存款罪的，处3年以下有期徒刑或者拘役，并处或者单处2万元以上20万元以下罚金；数额巨大或者有其他严重情节的，处3年以上10年以下有期徒刑，并处5万元以上50万元以下罚金。犯集资诈骗罪，数额较大的，处5年以下有期徒刑或者拘役，并处2万元以上20万元以下罚金；数额巨大或者有其他严重情节的，处5年以上10年以下有期徒刑，并处5万元以上50万元以下罚金；数额特别巨大或者有其他特别严重情节的，处10年以上有期徒刑或者无期徒刑，并处5万元以上50万元以下罚金或者没收财产。

　　如果实在无法判断是不是属于非法集资，可以向政府金融办、公安、市场监管、工信、银监以及银行等处咨询，了解清楚情况后再作决定。如发现有非法集资犯罪嫌疑的公司或人员，应及时向公安机关报案。

　　世上没有免费的午餐！

　　不要相信"一夜暴富"的神话！

　　珍惜自己的血汗钱，远离非法集资！

知识点 14　我国银行理财产品发展的现状

一、我国银行理财产品的发展历程

早在银行理财产品正式诞生之前，多种形式的结构化产品、汇兑产品已经有了初步发展，然而彼时的产品仅仅是针对私人银行客户的小范围业务。2004 年，光大银行发行第一只标准意义上的银行理财产品"阳光理财 B 计划"，拉开了我国理财产品发展的序幕。

但何为银行理财产品，其特点和本质如何？银行是否能够开展经营，是否违反银行业务经营相关法律的规定，是否侵占了其他金融机构的业务？在银行理财产品初创时期，存在上述很多争议。2005 年 9 月，银监会颁布《商业银行个人理财业务管理暂行办法》，正式确定了银行理财产品的法律地位。

个人理财业务是指商业银行为个人客户提供的财务分析、财务规划、投资顾问、资产管理等专业化服务活动，按照管理运作方式不同，分为理财顾问服务和综合理财服务。理财顾问服务是指商业银行向客户提供的财务分析与规划、投资建议、个人投资产品推介等专业化服务。综合理财服务是指商业银行在向客户提供理财顾问服务的基础上，接受客户的委托和授权，按照与客户事先约定的投资计划和方式进行投资和资产管理的业务活动。在综合理财服务活动中，客户授权银行代表客户按照合同约定的投资方向和方式进行投资和资产管理，投资收益与风险由客户或客户与银行按照约定方式承担。商业银行在综合理财服务活动中，可以向特定目标客户群销售理财计划。理财计划是指商业银行在对潜在目标客户群分析研究的基础上，针对特定目标客户群开发设计并销售的资金投资和管理计划。

自此以后，银行理财产品急速发展。我国银行理财的发展历程既是一个宏观经济形势变化的缩影，也是一部经济形势变化下金融机构逐利的简史。总的来看，理财的发展是层层递进的，问题也是层层叠加的，整体发展可以分为四个阶段，分别为：（1）2004—2009 年，刚性兑付及资金池模式初步形成。（2）2009—2013 年，影子银行模式正式形成。（3）2014—2018 年，"影子银行＋同业套利"模式下风险的快速积累。（4）2018 年资产新规颁布以后至今的情况。2018 年 4 月 27 日发布的《关于规范金融机构资产管理业务的指导意见》，也即资产管理新规，彻底改变了我国金融理财的发展轨迹，也深度影响了银行理财产品的经营模式。

相应地，银监会制定了一系列银行理财业务规范要求。2005 年出台了《商业银行个人理财业务管理暂行办法》和《商业银行个人理财业务风险管理指引》；随后针对银行理财业务运行过程中出现的现实问题，在理财产品设计、产品销售、投资管理等方面相应出台了监管要求。特别是 2018 年 9 月 26 日，为实施资产管理新规，银保监会废止了之前关于银行理财业务的所有规章，发布并施行《商业银行理财业务监督管理办法》。2018 年 12 月 2 日，银保监会公布并施行《商业银行理财子公司管理办法》，以加强对商业银行理财子公司的监督管理。

以下主要介绍 2018 年以来银行开展理财业务的新要求和新规则。

二、银行理财业务（产品）的概念界定

之前银行理财业务开展的实际以及监管要求中，根据客户获取收益方式、本金和收益保证的不同，银行理财产品分为保本保证收益理财、保本非保证收益理财和不保本非保证收益理财产品。

随着对银行理财认识的转变，我们进一步厘清了保本保证收益理财、保本非保证收益理财的性质和地位，将其纳入存款产品进行管理。保本理财产品属于表内业务，需要缴纳存款准备金和存款保险保费，并计提资本和拨备。在银行理财新规中，银行理财仅仅限于非保本理财产品。

因此，我国对银行理财业务（产品）进行了重新规定。商业银行理财业务是指商业银行接受投资者委托，按照与投资者事先约定的投资策略、风险承担和收益分配方式，对受托的投资者财产进行投资和管理的金融服务。理财产品是指商业银行按照约定条件和实际投资收益情况向投资者支付收益、不保证本金支付和收益水平的非保本理财产品。

三、银行理财分类管理

银行理财新规中，实行理财产品分类管理，理财产品分为公募理财产品和私募理财产品。

1. 公募理财产品是指商业银行面向不特定社会公众公开发行的理财产品。公开发行的认定标准按照《中华人民共和国证券法》执行；同时，将单只公募理财产品的销售起点由 5 万元降至 1 万元。

2. 私募理财产品是指商业银行面向合格投资者非公开发行的理财产品。私募理财产品面向不超过 200 名合格投资者非公开发行。合格投资者是指具备相应风险识别能力和风险承受能力，投资于单只理财产品不低于一定金额且符合下列条件的自然人、法人或者依法成立的其他组织：具有 2 年以上投资经历，且满足家庭金融净资产不低于 300 万

元人民币，或者家庭金融资产不低于 500 万元人民币，或者近 3 年本人年均收入不低于 40 万元人民币；最近 1 年末净资产不低于 1000 万元人民币的法人或者依法成立的其他组织；国务院银行业监督管理机构规定的其他情形。

商业银行发行私募理财产品的，合格投资者投资于单只固定收益类理财产品的金额不得低于 30 万元人民币，投资于单只混合类理财产品的金额不得低于 40 万元人民币，投资于单只权益类理财产品、单只商品及金融衍生品类理财产品的金额不得低于 100 万元人民币。

私募理财产品的投资范围由合同约定，可以投资于债权类资产和权益类资产等。权益类资产是指上市交易的股票、未上市企业股权及其受（收）益权。

四、银行理财产品投资范围

商业银行应当根据投资性质的不同，将理财产品分为固定收益类理财产品、权益类理财产品、商品及金融衍生品类理财产品和混合类理财产品。固定收益类理财产品投资于存款、债券等债权类资产的比例不低于 80%，权益类理财产品投资于权益类资产的比例不低于 80%，商品及金融衍生品类理财产品投资于商品及金融衍生品的比例不低于 80%，混合类理财产品投资于债权类资产、权益类资产、商品及金融衍生品类资产且任一资产的投资比例未达到前三类理财产品标准。

商业银行理财产品可以投资于国债、地方政府债券、中央银行票据、政府机构债券、金融债券、银行存款、大额存单、同业存单、公司信用类债券、在银行间市场和证券交易所市场发行的资产支持证券、公募证券投资基金、其他债权类资产、权益类资产以及国务院银行业监督管理机构认可的其他资产。

商业银行理财产品不得直接投资于信贷资产，不得直接或间接投资于本行信贷资产，不得直接或间接投资于本行或其他银行业金融机构发行的理财产品，不得直接或间接投资于本行发行的次级档信贷资产支持证券。面向非机构投资者发行的理财产品，不得直接或间接投资于不良资产、不良资产支持证券，国务院银行业监督管理机构另有规定的除外。

商业银行理财产品直接或间接投资于非标准化债权类资产的，非标准化债权类资产的终止日不得晚于封闭式理财产品的到期日或者开放式理财产品的最近一次开放日。商业银行理财产品直接或间接投资于未上市企业股权及其受（收）益权的，应当为封闭式理财产品，并明确股权及其受（收）益权的退出安排。未上市企业股权及其受（收）益权的退出日不得晚于封闭式理财产品的到期日。

五、银行理财产品运作方式

1. 商业银行应当根据运作方式的不同，将理财产品分为封闭式理财产品和开放式理财产品。封闭式理财产品是指有确定到期日，且自产品成立日至终止日期间，投资者不得进行认购或者赎回的理财产品。开放式理财产品是指自产品成立日至终止日期间，理财产品份额总额不固定，投资者可以按照协议约定，在开放日和相应场所进行认购或者赎回的理财产品。

商业银行发行的封闭式理财产品的期限不得低于 90 天；开放式理财产品所投资资产的流动性应当与投资者赎回需求相匹配，确保持有足够的现金、活期存款、国债、中央银行票据、政策性金融债券等具有良好流动性的资产，以备支付理财产品投资者的赎回款项。开放式公募理财产品应当持有不低于该理财产品资产净值 5% 的现金或者到期日在 1 年以内的国债、中央银行票据和政策性金融债券。

2. 限制资金池运作。商业银行开展理财业务，应当确保每只理财产品与所投资资产相对应，做到每只理财产品单独管理、单独建账和单独核算，不得开展或者参与具有滚动发行、集合运作、分离定价特征的资金池理财业务。

单独管理是指对每只理财产品进行独立的投资管理。单独建账是指为每只理财产品建立投资明细账，确保投资资产逐项清晰明确。单独核算是指对每只理财产品单独进行会计账务处理，确保每只理财产品具有资产负债表、利润表、产品净值变动表等财务会计报表。

3. 实行净值化管理。商业银行应当按照《企业会计准则》和《关于规范金融机构资产管理业务的指导意见》等关于金融工具估值核算的相关规定，确认和计量理财产品的净值。理财产品应该坚持公允价值计量原则，鼓励以市值计量所投资资产，允许符合条件的封闭式理财产品采用摊余成本计量。

4. 去除通道，强化穿透管理。为防止资金空转，理财产品不得投资本行或他行发行的理财产品。根据资管新规，要求理财产品所投资的资管产品不得再"嵌套投资"其他资管产品。

5. 设定限额，控制集中度风险，对理财产品投资单只证券或公募证券投资基金提出集中度限制。

6. 控制杠杆，有效管控风险。在分级杠杆方面，不允许银行发行分级理财产品；在负债杠杆方面，负债比例（总资产/净资产）上限与资管新规保持一致。

7. 加强流动性风险管控。要求银行加强理财产品的流动性管理和交易管理、强化压力测试、规范开放式理财产品认购和赎回管理。

8. 加强理财投资合作机构管理。要求理财产品所投资资管产品的发行机构、受托投资机构和投资顾问为持牌金融机构。同时，考虑当前和未来市场发展需要，规定金融资产投资公司的附属机构依法依规设立的私募股权投资基金除外，以及国务院银行业监督管理机构认可的其他机构也可担任理财投资合作机构，为未来市场发展预留空间。

9. 加强信息披露，更好地保护投资者利益，分别对公募理财产品、私募理财产品和银行理财业务总体情况提出具体的信息披露要求。

10. 实行产品集中登记，加强理财产品合规性管理。理财产品销售前在"全国银行业理财信息登记系统"进行登记，银行只能发行已在理财系统登记并获得登记编码的理财产品，切实防范虚假理财和飞单。

六、银行理财产品销售管理要求

（一）宣传销售文本管理

1. 宣传销售文本分为两类。宣传材料是指商业银行为宣传推介理财产品向投资者分发或者发布，使投资者可以获得的书面、电子或其他介质的信息。销售文件包括理财产品销售协议书、理财产品说明书、风险揭示书、投资者权益须知等。经投资者签字确认的销售文件，商业银行和投资者双方均应留存。

2. 商业银行应当加强对理财产品宣传销售文本制作和发放的管理，宣传销售文本应当由商业银行总行统一管理和授权，分支机构未经总行授权不得擅自制作和分发宣传销售文本。

3. 理财产品宣传销售文本应当全面、客观反映理财产品的重要特性和与产品有关的重要事实，语言表述应当真实、准确和清晰，不得有下列情形：（1）虚假记载、误导性陈述或者重大遗漏；（2）违规承诺收益或者承担损失；（3）夸大或者片面宣传理财产品，违规使用"安全""保证""承诺""保险""避险""有保障""高收益""无风险"等与产品风险收益特性不匹配的表述；（4）登载单位或者个人的推荐性文字；（5）在未提供客观证据的情况下，使用"业绩优良""名列前茅""位居前列""最有价值""首只""最大""最好""最强""唯一"等夸大过往业绩的表述；（6）其他易使投资者忽视风险的情形。

4. 理财产品宣传销售文本只能登载商业银行开发设计的该款理财产品或本行同类理财产品过往平均业绩及最好、最差业绩，同时应当遵守下列规定：（1）引用的统计数据、图表和资料应当真实、准确、全面，并注明来源，不得引用未经核实的数据；（2）真实、准确、合理地表述理财产品业绩和商业银行管理水平；（3）在宣传销售文本中应当以醒目文字提醒投资者"理财产品过往业绩不代表其未来表现，不等于理财产品实际收益，投资须谨慎"。如理财产品宣传销售文本中使用模拟数据的，必须注明模拟数据。

5. 理财产品宣传销售文本提及第三方专业机构评价结果的，应当列明第三方专业评价机构名称及刊登或发布评价的渠道与日期。

6. 理财产品销售文件应当载明理财产品的认购和赎回安排、估值原则、估值方法、份额认购、赎回价格的计算方式、拟投资市场和资产的风险评估。

7. 理财产品销售文件应当载明理财产品的托管机构、理财投资合作机构的基本信息和主要职责等。

8. 理财产品宣传材料应当在醒目位置提示投资者，"理财非存款、产品有风险、投资须谨慎"。

9. 理财产品销售文件应当包含专页风险揭示书，风险揭示书应当使用通俗易懂的语言，并至少包含以下内容：（1）在醒目位置提示投资者，"理财非存款、产品有风险、投资须谨慎"；（2）提示投资者，"如影响您风险承受能力的因素发生变化，请及时完成风险承受能力评估"；（3）提示投资者注意投资风险，仔细阅读理财产品销售文件，了解理财产品具体情况；（4）本理财产品类型、期限、风险评级结果、适合购买的投资者，并配以示例说明最不利投资情形下的投资结果；（5）理财产品的风险揭示应当至少包含本理财产品不保证本金和收益，并根据理财产品风险评级结果提示投资者可能会因市场变动而蒙受损失的程度，以及需要充分认识投资风险，谨慎投资等；（6）投资者风险承受能力评级结果，由投资者填写；（7）投资者风险确认语句抄录，包括确认语句栏和签字栏，确认语句栏应当完整载明的风险确认语句"本人已经阅读风险揭示，愿意承担投资风险"，并在此语句下预留足够空间供投资者完整抄录和签名确认。

10. 理财产品销售文件应当包含投资者权益须知的专页，投资者权益须知应当至少包括以下内容：（1）投资者办理理财产品的流程；（2）投资者风险承受能力评估流程、评级具体含义以及适合购买的理财产品等相关内容；（3）商业银行向投资者进行信息披露的方式、渠道和频率等；（4）投资者向商业银行投诉的方式和程序；（5）商业银行联络方式及其他需要向投资者说明的内容。

11. 理财产品销售文件应当载明销售费、托管费、投资管理费等相关收费项目及其收费条件、收费标准和收费方式。销售文件未载明的收费项目，不得向投资者收取。

商业银行根据相关法律和国家政策规定，需要对已约定的收费项目及其条件、标准和方式进行调整时，应当按照有关规定进行信息披露后方可调整；投资者不接受的，应当允许投资者按照销售文件的约定提前赎回理财产品。

12. 理财产品名称应当恰当反映产品属性，不得使用带有诱惑性、误导性和承诺性的称谓以及易引发争议的模糊性语言。理财产品名称中含有拟投资资产名称的，拟投资该资产的比例须达到该理财产品规模的80%以上。

13. 理财产品宣传销售文本的内容发生变化时，商业银行应当及时更新，并确保投资者及时知晓。

（二）非机构投资者风险承受能力评估

1. 商业银行应当在投资者首次购买理财产品前在本行网点进行风险承受能力评估。风险承受能力评估依据至少应当包括投资者年龄、财务状况、投资经验、投资目的、收益预期、风险偏好、流动性要求、风险认识以及风险损失承受程度等。

商业银行对超过65岁的投资者进行风险承受能力评估时，应当充分考虑投资者年龄、相关投资经验等因素。

商业银行完成投资者风险承受能力评估后应当将风险承受能力评估结果告知投资者，由投资者签名确认后留存。

2. 商业银行应当定期或不定期地在本行网点或采用网上银行方式对投资者进行风险承受能力持续评估。

超过1年未进行风险承受能力评估或发生可能影响自身风险承受能力情况的投资者，再次购买理财产品时，应当在商业银行网点或其网上银行完成风险承受能力评估，评估结果应当由投资者签名确认；未进行评估的，商业银行不得再次向其销售理财产品。

3. 商业银行应当制定本行统一的投资者风险承受能力评估书。商业银行应当在投资者风险承受能力评估书中明确提示，如投资者发生可能影响其自身风险承受能力的情形，再次购买理财产品时应当主动要求商业银行对其进行风险承受能力评估。

4. 商业银行分支机构理财产品销售部门负责人或经授权的业务主管人员应当定期对已完成的投资者风险承受能力评估书进行审核。

5. 商业银行应当建立投资者风险承受能力评估信息管理系统，用于测评、记录和留存投资者风险承受能力评估内容和结果。

（三）理财产品销售管理

1. 商业银行应当制定理财产品销售业务基本规程，对认购、赎回以及开户、销户、资料变更等业务作出规定。

2. 商业银行从事理财产品销售活动，不得有下列情形：（1）将存款作为理财产品销售，将理财产品作为存款销售，将理财产品与存款进行强制性搭配销售，将理财产品与其他产品进行捆绑销售；（2）采取抽奖、回扣或者赠送实物等方式销售理财产品；（3）销售人员代替投资者签署文件；（4）挪用投资者资金；（5）国务院银行业监督管理机构规定禁止的其他情形。

3. 商业银行不得通过电视、电台、互联网等渠道对具体理财产品进行宣传，本行渠道（含营业网点和电子渠道）除外。

4. 商业银行通过电话、传真、短信、邮件等方式开展理财产品宣传时，如投资者明确表示不同意，商业银行不得再通过此种方式向投资者宣传理财产品。

5. 商业银行通过本行网上银行销售理财产品时，应当遵守非机构投资者风险承受能力评估的相关规定；销售过程应有醒目的风险提示，风险确认等环节工作要求不得低于网点标准，销售过程应当保留完整记录。

6. 商业银行通过本行电话银行销售理财产品时，应当遵守非机构投资者风险承受能力评估的相关规定；销售人员应当是具有理财从业资格的银行人员，在销售过程中应当使用统一的规范用语，妥善保管投资者信息，履行相应的保密义务。

商业银行通过本行电话银行向投资者销售理财产品应当征得投资者同意，明确告知投资者销售的是理财产品，不得误导投资者；销售过程中风险确认等环节工作要求不得低于网点标准，销售过程应当录音并妥善保存。

7. 商业银行销售风险评级为四级以上理财产品时，除非与投资者书面约定，否则应当在商业银行网点进行。

8. 对于单笔投资金额较大的投资者，商业银行应当在完成销售前将销售文件至少报经商业银行分支机构销售部门负责人审核或其授权的业务主管人员审核；单笔金额标准和审核权限，由商业银行根据理财产品特性和本行风险管理要求制定。

已经完成销售的理财产品销售文件，应至少报经商业银行分支机构理财产品销售部门负责人或其授权的业务主管人员定期审核。

9. 商业银行应当在私募理财产品的销售文件中约定不少于 24 小时的投资冷静期，并载明投资者在投资冷静期内的权利。在投资冷静期内，如果投资者改变决定，商业银行应当遵从投资者意愿，解除已签订的销售文件，并及时退还投资者的全部投资款项。投资冷静期自销售文件签字确认后起算。

10. 商业银行应当建立异常销售的监控、记录、报告和处理制度，重点关注理财产品销售业务中的不当销售和误导销售行为，至少应当包括以下异常情况：（1）投资者频繁开立、撤销理财账户；（2）投资者风险承受能力与理财产品风险不匹配；（3）商业银行超过约定时间进行资金划付；（4）其他应当关注的异常情况。

11. 商业银行应当建立和完善理财产品销售质量控制制度，制定实施内部监督和独立审核措施，配备必要的人员，对本行理财产品销售人员的操守资质、服务合规性和服务质量等进行内部调查和监督。

内部调查应当采用多样化的方式进行。对理财产品销售质量进行调查时，内部调查监督人员还应当亲自或委托适当的人员，以投资者身份进行调查。

内部调查监督人员应当在审查销售服务记录、合同和其他材料等的基础上，重点检查是否存在不当销售的情况。

（四）销售人员管理

1. 销售人员是指商业银行面向投资者从事理财产品宣传推介、销售，办理认购和赎回等相关活动的人员。

2. 销售人员从事理财产品销售活动，应当遵循以下原则：（1）勤勉尽职原则。销售人员应当以对投资者高度负责的态度执业，认真履行各项职责。（2）诚实守信原则。销售人员应当以诚实、公正的态度和合法的方式执业，如实告知投资者可能影响其利益的重要情况和理财产品风险评级情况。（3）公平对待投资者原则。在理财产品销售活动中发生分歧或矛盾时，销售人员应当公平对待投资者，不得损害投资者合法权益。（4）专业胜任原则。销售人员应当具备理财产品销售的专业资格和技能，胜任理财产品销售工作。

3. 销售人员在向投资者宣传销售理财产品时，应当先做自我介绍，尊重投资者意愿，不得在投资者不愿或不便的情况下进行宣传销售。

4. 销售人员在为投资者办理购买理财产品手续前，应当遵守相关规定，特别注意以下事项：（1）有效识别投资者身份；（2）向投资者介绍理财产品销售业务流程、收费标准及方式等；（3）了解投资者风险承受能力评估情况、投资期限和流动性要求；（4）提醒投资者阅读销售文件，特别是风险揭示书和投资者权益须知；（5）确认投资者抄录了风险确认语句。

5. 销售人员从事理财产品销售活动，不得有下列情形：（1）在销售活动中为自己或他人牟取不正当利益，承诺进行利益输送，通过给予他人财物或利益，或接受他人给予的财物或利益等形式进行商业贿赂；（2）诋毁其他机构的理财产品或销售人员；（3）散布虚假信息，扰乱市场秩序；（4）违规接受投资者全权委托，私自代理投资者进行理财产品认购、赎回等交易；（5）违规对投资者作出盈亏承诺，或与投资者以口头或书面形式约定利益分成或亏损分担；（6）挪用投资者交易资金或理财产品；（7）擅自更改投资者交易指令；（8）其他可能有损投资者合法权益和所在机构声誉的行为。

6. 商业银行应当建立健全销售人员资格考核、继续培训、跟踪评价等管理制度，不得对销售人员采用以销售业绩作为单一考核和奖励指标的考核方法，并应当将投资者投诉情况、误导销售以及其他违规行为纳入考核指标体系。

商业银行应当对销售人员在销售活动中出现的违规行为进行问责处理，将其纳入本行人力资源评价考核内容，持续跟踪考核。

对于频繁被投资者投诉、投诉事项查证属实的销售人员，应当将其调离销售岗位；情节严重的，应当按照规定承担相应法律责任。

知识拓展及思政项目：警惕银行理财业务飞单

所谓的飞单，简单来说就是销售人员拿到订单后，不将订单交由自己公司做，却将订单放在别的公司做。银行飞单就是银行工作人员利用职权、影响力或者客户对银行的信任，向客户销售不属于银行的产品，或者将非银行产品伪装为银行产品向客户推荐，从中获得高额的佣金提成。银行理财业务是银行飞单事件的重要领域，客户的资金失去了银行严格风控的保护，很容易打水漂。

从银行的角度看，飞单事件说明银行内控存在问题，银行在员工管理上存在漏洞。为此，银行应引导和教育从业人员自觉抵制并严禁参与非法集资、地下钱庄、商业贿赂等违法行为，不得在任何场所开展未经批准的金融业务，不得销售或推介未经审批的产品，不得代销未持有金融牌照的机构发行的产品，不得利用职务和工作之便牟取非法利益。

从客户的角度看，客户也要增强风险意识。客户一定要查证所购产品是否银行正规产品，阅读理财产品合同的细节，尤其要关注上面有没有银行公章。不被超高投资收益诱惑，仔细了解产品是否保本，募集资金具体投向、收益、期限等。最重要的，要看购买产品的资金是否汇入银行账户，凡被要求向个人或第三方公司账户转账或汇款的，就要提高警惕，并注意查看业务办理回执中的汇款账户明细。消费者一旦发现异常情况，应及时向银行和监管部门投诉和举报。

知识点 15　商业银行中间业务

【教学目的】
  1. 认识银行中间业务与存贷业务的区别；
  2. 重点掌握银行代理业务的特点与类型；
  3. 重点掌握银行或有业务的特点与类型。

商业银行的三大核心业务是存贷汇。我们在之前的课程里已经学过存和贷，对于银行来说，存款是资金来源业务，贷款是资金运用业务，此二者都是银行与客户之间开展的货币交易业务，一个重要的特点就是会涉及货币所有权的转移。汇即汇款、汇兑业务，也即支付结算业务，此业务只是银行以中间人的身份为客户之间的货币转移提供的服务，货币所有权的转移只是发生在客户之间，而银行与客户之间并未产生货币所有权的转移。随着银行业务的不断发展，银行在结算业务的基础上开发了很多充当中间人角色的业务，我们将此类业务称为中间业务。

本课程前面的知识点——支付结算和银行理财，其实就是最为典型的银行中间业务，也是银行最传统、规模最大的中间业务，在本知识点里，全面介绍中间业务的内涵以及类型。

一、银行中间业务的性质

从银行特性和中间业务发展的角度看，中间业务是银行无须动用自己的资金，依托自身的业务、技术、机构、信誉和人才等优势，以中间人的身份代理客户承办收付和其他委托事项，提供各种金融服务并据以收取手续费的业务。

中间业务的英文是 Intermediary Business，意为居间的、中介的或代理的业务。特别是在早期的中间业务中，银行既不是债务人也不是债权人，而是处于受委托—代理关系的地位，以中间人的身份进行各项业务活动，属于服务性质。

但随着银行中间业务的发展，也开始出现转变：一是由不占用或不直接占用客户资金向商业银行占用客户资金转变。在有些中间业务中，银行可以暂时占用客户的委托资金而扩大资金来源，使资产负债表的数值发生变化，推动银行资产负债业务的发展，形成中间业务和资产负债业务的互动趋势。二是由接受客户的委托向银行出售信用转变。例如，商业银行在办理信用签证、承兑、押汇等业务时，银行将提供银行信用，而收取额外的手续费。三是由不承担风险向承担风险转变。随着中间业务的发展，商业银行办理中间业务往往需要运用资金并承担一定的风险，如各类担保、承诺、代保管、承兑、押汇等，这时银行收取的手续费就不仅是劳动补偿，同时也包含着利息补偿和风险补偿。

就我国银行界对中间业务的认识上，2001年中国人民银行制定了《商业银行中间业务暂行规定》，定义中间业务是指不构成商业银行表内资产、表内负债，形成银行非利息收入的业务；后由于银行中间业务的业态发展以及监管要求上的变化，2008年废止了这一规章。之后，在官方文件中中间业务的概念几乎被改变了，而代之以表外业务，对表外业务这一概念的认识也在不断调整。

2011年，银监会出台了《商业银行表外业务风险管理指引》，其中仅规定担保类和承诺类这两类表外业务。2022年11月28日，银保监会制定了《商业银行表外业务风险管理办法》，将表外业务定义为商业银行从事的、按照现行的会计准则不计入资产负债表内、不形成现实资产负债，但能够引起当期损益变动的业务。并将表外业务分为四种类型：担保承诺类、代理投融资服务类、中介服务类和其他类。

最后，总结一下，中间业务并非一个严谨的法律概念，只是将银行以中间人的身份为客户开展的业务集合在一起而赋予的一个概念，并不能明确表达银行与客户之间的关系以及对银行的影响。因此，从银行与客户关系以及银行是否承担风险的角度，可以将中间业务分为两大类：一是银行纯粹充当中间人的无风险业务，一般是指代理业务；二是在一定条件下会转换成银行资产或负债、银行会承担一定不确定风险的中间业务，一般可以称为或有业务。以下将代理业务与或有业务分开来介绍。

二、代理业务的特点

根据商业银行中间业务的内涵和发展的实践，商业银行中间业务（不包括或有业务）具有以下特点。

（一）不以货币资金为对象

商业银行开展中间业务，与客户之间无须转移货币资金的所有权，不会涉及银行自身的资产或负债。比如银行开展结算业务时，就特别强调"银行不垫款"这条结算原则，仅仅是为经济主体清偿债权债务关系而已，银行如果在结算中垫付资金，那就不再是中间业务，而是资产业务了。

（二）银行与客户之间主要是委托—代理关系

商业银行开展中间业务通常是以接受客户委托的方式开展业务。一般情况下，商业银行中间业务是一种委托业务，而不是商业银行的自营业务。比如委托买卖有价证券业务，商业银行是接受客户的委托，代为客户进行有价证券的买卖，显然银行"不作为信用活动的一方"开展信用活动，而是处于中间人或代理人的地位，既不需要动用银行自身的资金，也不需要承担相应的买卖风险。

（三）无风险性

由于商业银行在办理中间业务时不直接作为信用活动的一方而出现，即商业银行不直接以债权人或债务人的身份参与这项业务，而是接受客户委托，以中介人或代理人的身份开展业务，因此其经营风险主要由委托人来承担。比如结算业务，债务人能否及时付款、债权人能否及时收到款项，银行对此不承担任何责任。

当然，银行开展中间业务的无风险主要是指无信用风险，而不是完全的无风险。银行开展中间业务自然也需要遵循一定的业务规则和谨慎性要求，以避免操作风险。

（四）收取手续费

商业银行开展中间业务，通常以收取手续费的方式获得收益。中间业务的发展，为商业银行带来了大量的手续费收入和佣金收入，却不增加银行的资产，因而银行的报酬率大为提高。中间业务手续费收入的性质较为复杂，其最基本的性质是办理中间业务过程中对于劳动消耗的补偿。

三、代理业务的类型

商业银行代理业务是指银行作为代理人接受客户的委托，代为办理客户指定的经济事务业务。代理业务具有代客户服务的性质，一般不要求被代理人转移财产所有权，是代理人和被代理人之间产生的一种契约关系的法律行为。就我国商业银行来看，代理业务是最为主要的中间业务。

从被代理者主体来看，主要包括银行代理个人业务、银行代理单位业务、银行代理其他金融机构业务。

从代理的事务来看，主要包括代收代付业务、代理发行业务、代理销售业务、代理买卖业务等。

（一）代收代付业务

商业银行代理收付业务是指商业银行利用自身网点、人员、技术、汇兑和网络等优势，接受行政管理部门、社会团体、企事业单位和个人委托，代为办理指定范围内的收付款项的服务性中间业务。它不仅有利于商业银行吸收资金、降低筹资成本，而且还有利于完善商业银行的服务功能，提高服务水平和综合竞争能力。

1. 代收代付业务的基本原则

商业银行在办理代收代付业务时应坚持以下基本原则，防止由此产生的经济和法律纠纷。

（1）明确代收代付业务金额的使用方向。客户要求商业银行代理收付时，必须向商业银行提出申请，并明确所收付款项的金额、用途和代理形式。

（2）签订收付款项的代理合同。商业银行为客户代理收付款项时，要签订经济合同或代理协议，明确责任，避免经济纠纷。

（3）要坚持互惠互利原则。商业银行为客户代收代付款项时，要坚持互惠互利原则，根据具体情况，按照一定的规定，收取合理的手续费用。

（4）要以国家的相关法规为业务依据。商业银行为客户代收代付款项时，要遵守国家有关法律及政策规定，遵守商业银行的结算原则。

（5）要坚持银行不垫款原则。商业银行为客户代收代付款项，付款方不能按时交纳款项时，商业银行不负任何责任。银行要坚持不垫款原则，但有义务向客户提供真实情况。

2. 代收代付的主要范围

代收代付主要包括代发工资、代发养老金、代收学费、代缴水电费、代收行政事业性费用等。

（二）代理有价证券的发行、承销和兑付业务

代理发行有价证券是指筹资单位（发行者）委托商业银行在双方约定的发行期限内发售有价证券，在发行期限结束后，将款项划转给发行者，将未发售出去的有价证券退还给发行者的代销发行方式。

商业银行代理发行有价证券具有以下特点：（1）商业银行不承担任何发行风险，所有发行风险全部由发行单位承担；（2）通常发行金额较大；（3）有价证券发行行情好坏，除了与有价证券收益高低相关外，还与发行者的经营和信誉有较大关系；（4）由于商业银行不承担发行风险，所以发行手续费相对较低。

（三）代理保险、基金销售业务

代理保险业务是指商业银行接受保险公司委托代其办理保险业务。商业银行代理保险业务，既可以受托代理个人或法人投保各险种的保险事宜，也可以作为保险公司的代表，与保险公司签订代理协议，代保险公司承接有关的保险业务。代理保险业务一般包括代售保单业务和代付保险金业务。

代理基金业务是指银行接受基金管理人的委托，签订书面代销协议，代理基金管理人销售开放式基金，受理投资者开放式基金认购、申购和赎回等业务申请，同时提供配套服务的一项业务。

（四）代理外汇和衍生产品买卖业务

代理外汇买卖业务是指商业银行利用自身的优势，接受客户委托，代理客户进行即期和远期外汇买卖的业务。代理外汇买卖业务主要有即期外汇买卖和远期外汇买卖两种：即期外汇买卖是指在外汇买卖成交后，在两个营业日之内进行交割清算的外汇买卖业务；远期外汇买卖是指在外汇买卖成交后，并不立即交割，而是在未来某个特定日期，按交易日约定的币种、数量和汇率进行交割清算的外汇买卖业务。

代理衍生产品买卖业务，包括利率互换、远期利率协议、远期结售汇、外汇掉期及信用风险缓释工具等各个方面，为客户提供了包括风险管理、成本管理以及结构化投融资方案等诸多创新的服务。

（五）代理保管（保险箱）业务

代理保管业务是指商业银行利用自身安全设施齐全、管理手段先进等优势，接受客户委托，代理保管各种贵重物品，并按照代理保管物品的种类、数量和期限来收取一定的保管费或手续费的业务。代理保管的物品种类繁多，主要有各种贵金属、文物古董、珠宝、有价证券、外币现钞、重要合同文件、房产契证、名人书画、纪念物品等。

根据保管方式不同，代理保管业务主要有露封保管业务、密封保管业务和出租保管箱业务三大类。

1. 露封保管业务是指商业银行利用已有的金库、保险柜和保险箱等设施，代客户保管物品，客户将物品交给商业银行保管时不必加封的保管业务。这种业务主要适合股票、债券、外币现钞以及银行存折（存单）等有价证券和单证的代理保管。客户将物品交给商业银行保管时不必加封，但客户委托代理保管物品时，委托人和代理保管人必须当面进行清点数目并记录，清点后也可以加封交银行保管。双方要订立保管契约，载明保管物品的名称、种类、数量、是否加封、保管期限、保管费用、双方责任等内容。商业银行代理保管部门要造册登记，并给委托人出具保管收据，按标准收取保管费用。

2. 密封保管业务是指商业银行利用已有的金库、保险柜和保险箱等设施，代客户保管物品，客户将物品密封后交给商业银行保管时不必加封的保管业务。这种业务主要适合金银珠宝、珍贵文物、契约文件等的代保管。在保管期间，银行保管部门不得开启密封物品，保管期满后必须原封不动地交还物品。密封保管物品时，为了防止客户将违禁物品以及易腐蚀性物品委托银行保管，委托人必须将物品交银行代保管人员查验物品的属性，然后再当面密封，交银行保管，但不清点物品的数量、面额、号码及检验其真伪性。密封代保管一般以件为计量核算，保管费用以件为标准计收或议定固定代保管费。

3. 出租保管箱业务是指银行提供场所和保管箱设备，并以出租方式租赁给客户，用于保管贵重物品、重要文件、有价单证等财物的一种租赁性服务业务。

（六）托管业务

银行托管业务是指银行作为第三方，依据法律法规和托管合同规定，代表资产所有人的利益，从事托管资产保管、办理托管资产名下资金清算、进行托管资产会计核算和估值，监督管理人投资运作，以确保资产委托人利益并收取托管费的一项中间业务。

银行托管业务的种类很多，包括证券投资基金托管、委托资产托管、社保基金托管、企业年金托管、信托资产托管、农村社会保障基金托管、基本养老保险个人账户基金托管、补充医疗保险基金托管、收支账户托管、QFII（合格境外机构投资者）托管、贵重物品托管等。

四、或有业务的特点

或有业务是指那些未列入资产负债表，但同表内资产业务和负债业务关系密切，并在一定条件下会转为表内资产业务和负债业务的经营活动。通常把这些经营活动称为或有资产和或有负债，它是一种有风险的经营活动。

或有业务对于商业银行来说是一把"双刃剑"，既可以带来收益，也可以带来风险。由于或有业务不反映在商业银行的资产负债表中，常常以或有资产、或有负债的形式存在，因而具有相当大的隐蔽性，一旦客户违约或银行市场决策判断失误，将给银行造成极大的风险，甚至是灭顶之灾。因此，银行必须在严格自控以及金融监管的约束下开展此类业务。

（一）不计入资产负债表

一个经济事项是否在会计报表中反映，取决于它是否满足会计要素的确认标准。传统的资产定义为因过去发生的交易事项而由企业拥有或控制的能给企业带来未来经济利益的资源；负债的定义为企业因过去发生的交易或事项所产生的现实义务，这种义务的结算将会引起含有经济利益的企业资源的流出。或有业务不能完全符合上述定义，因其立足点在于未来可能产生的权利和义务，即并不来自过去发生的交易事项，而是来自将来发生的交易事项。因此，尽管或有业务可能在未来产生经济利益的流入和流出，但是很难满足资产和负债的确认标准，无法用传统会计准则中的历史价值原则在财务报表中确认为资产或负债。

（二）不运用或较少运用自有资金

商业银行在从事或有业务活动时，通常并不运用自身资金，而是依靠银行信誉、金融信息及人员，利用其特有的场地、人力、金融技术等，为客户提供服务、给予承诺、提供担保等，并收取一定的手续费，从而实现对自身非资金资源的充分利用。当然，为客户提供承诺和担保，会给银行带来潜在的义务，贷款的发放或资金的收付义务是否会变成现实，还有赖于以后情况的发展。

（三）自由度大，透明度低，监管难度高

商业银行开展或有业务以来，不断创新产品品种，形式变换多样，充分体现了银行在业务操作上的灵活性。银行既可以提供无风险中介服务，又可涉足高风险的衍生工具市场；既可以作为交易者进入市场，又可以作为中间人；既可以在场内交易，又可以进行柜台交易；既可能是无形市场，又可能是有形市场。业务安排取决于商业选择及客户需要。

除了一部分或有业务以脚注的形式标注在资产负债表外，大多数或有业务不反映在财务报表上，使其规模和质量不能得到真实体现，难以揭示银行整体经营水平和风险状况，透明度低，财务报表的外部使用者如股东、债权人、金融监管部门和税务监管部门难以了解银行的整体经营，这也给监管带来了难度。

（四）风险的不确定性和隐蔽性

或有业务是多元化经营业务，涉及的流程多、部门广，防范风险的难度较大；或有业务在一定条件下会转为表内资产和负债，常常会集信用风险、利率风险、汇率风险、流动性风险等多种风险于一身。或有资产和或有负债的或有业务在金融市场动荡的情况下，随时都有可能转化为表内业务，这也增加了银行经营的难度和负担。

五、或有业务的主要类型

商业银行的或有业务主要包括担保类业务、银行承诺类业务和金融衍生工具交易类业务等。

1. 担保类业务

（1）票据承兑。票据承兑是一种传统的银行担保业务，银行在汇票上签章，承诺在汇票到期日支付汇票金额。一般来说，向银行申请办理汇票承兑的是商业汇票的出票人，经过银行承兑的商业汇票就称为银行承兑汇票，其付款人为承兑人。银行对商业汇票加以承兑使商业信用转化为银行信用，从而降低了收款人的风险，增强了汇票的可接受性和流通性。

（2）银行保函。银行保函是银行应委托人的要求作为担保人向受益人作出的一种书面保证文件。如果对受益人负有首要责任的委托人违约或拒付债务，担保银行需要保证履行委托人的责任。银行保函在实际业务中的使用范围很广，不仅适用于货物的买卖，而且广泛适用于其他国际经济合作领域。

（3）备用信用证。备用信用证又称担保信用证，是不以清偿商品交易的价款为目的，而以贷款融资或担保债务偿还为目的所开立的信用证；是开证银行应借款人的要求，以放款人为受益人，并向借款人收取一定佣金而开具的一种特殊信用证。其实质是对借款人的一种担保行为，保证在借款人破产或不能及时履行义务的情况下，由开证银行向受益人及时支付本利。

（4）信用风险仍由银行承担的销售与购买协议，主要包括有追索权的资产销售和有追索权的买入资产，如正回购与逆回购。在这类业务中，银行在形式上向交易对手出售或购买了贷款或证券类资产，但客户在一定条件下仍然可以要求银行买进或卖出，银行仍需承担被交易对手索偿的风险。

2. 银行承诺类业务

（1）贷款承诺。贷款承诺是银行与贷款客户之间达成的一种具有法律约束力的正式契约。银行将在有效承诺期内，按照双方约定的金额、利率，随时准备应客户的要求向其提供信贷服务。由于贷款承诺使银行对实际头寸的控制存在不确定性，银行需要具备较高的流动性管理水平，并不可避免地保持较高的备付准备，因而无论客户是否最终用款，银行都相应要求收取一定的承诺费。

（2）票据发行便利。票据发行便利是银行提供的一种具有法律约束力的中期周转性票据发行融资的承诺。根据事先与银行签订的协议，客户可以在一定时期内循环发行短期票据，从而以较低的成本取得中长期的资金融通，承诺包销的银行按照协议负责购买其未能按期售出的全部票据或向其提供等额银行信贷。

3. 金融衍生工具交易业务

金融衍生工具是指在传统的金融工具（如现货市场的债券和股票等）基础上产生的新型交易工具，主要有金融远期合约、金融期货、金融期权和互换等。银行的金融衍生工具交易类业务是银行为满足客户保值或自身头寸管理等需要而向客户提供的衍生工具交易服务。

知识拓展及思政项目：《银行业从业人员职业操守和行为准则》（中国银行业协会，2020年9月）

第一章　总　则

第一条　【宗旨及依据】 为规范银行业从业人员职业行为，提高中国银行业从业人员整体素质和职业道德水准，在银行业内建立良好的清廉文化，维护银行业良好信誉，促进银行业的健康发展，依据《中华人民共和国商业银行法》《中华人民共和国银行业监督管理法》等法律法规及《中国银监会关于印发银行业金融机构从业人员职业操守指引的通知》《中国银监会关于印发银行业金融机构从业人员行为管理指引的通知》《银行业协会工作指引》《中国银行业协会章程》等有关规范，制定本准则。

第二条　【银行业从业人员】 本准则所称银行业从业人员是指在中华人民共和国境内银行业金融机构工作的人员。中华人民共和国境内银行业金融机构委派到国（境）外分支机构、控（参）股公司工作的人员，应当适用本准则。

第二章　职业操守

第三条　【爱国爱行】 银行业从业人员应当拥护中国共产党的领导，认真贯彻执行党和国家的金融路线方针政策，严格遵守监管部门要求，认真践行服务实体经济、防范化解金融风险、深化金融改革的任务；热爱银行业工作，忠诚金融事业，切实履行岗位职责，爱岗敬业，努力维护所在银行商业信誉，为银行业改革发展作出贡献。

第四条 【诚实守信】银行业从业人员应当恪守诚实信用原则，真诚对待客户，珍视声誉、信守承诺，践行"三严三实"的要求，发扬银行业"三铁"精神，谋事要实，创业要实，做人要实，通过踏实劳动实现职业理想和人生价值。

第五条 【依法合规】银行业从业人员应当敬畏党纪国法，严格遵守法律法规、监管规制、行业自律规范以及所在机构的规章制度，自觉抵制违法违规违纪行为，坚持不碰政治底线、不越纪律红线，"一以贯之"守纪律，积极维护所在机构和客户的合法权益。

第六条 【专业胜任】银行业从业人员应当具备现代金融岗位所需的专业知识、执业资格与专业技能；树立终身学习和知识创造价值的理念，及时了解国际国内金融市场动态，不断学习提高政策法规、银行业务、风险管控的水平，通过"学中干"和"干中学"锤炼品格、补充知识、增长能力。

第七条 【勤勉履职】银行业从业人员应当遵守岗位管理规范，严格执行业务规定和操作规程，防范利益冲突和道德风险，尽责、尽心、尽力做好本职工作。

第八条 【服务为本】银行业从业人员应当秉持服务为本的理念，以服务国家战略、服务实体经济、服务客户为天职，借助科技赋能，竭诚为客户和社会提供规范、快捷、高效的金融服务。

第九条 【严守秘密】银行业从业人员应当谨慎负责，严格保守工作中知悉的国家秘密、商业秘密、工作秘密和客户隐私，坚决抵制泄密、窃密等违法违规行为。

第三章 行为规范
第一节 行为守法

第十条 【严禁违法犯罪行为】银行业从业人员应自觉遵守法律法规规定，不得参与"黄、赌、毒、黑"、非法集资、高利贷、欺诈、贿赂等一切违法活动和非法组织。

第十一条 【严禁非法催收】银行业从业人员不得以故意伤害、非法拘禁、侮辱、恐吓、威胁、骚扰等非法手段催收贷款。

第十二条 【严禁组织、参与非法民间融资】银行业从业人员不得组织或参与非法吸收公众存款、套取金融机构信贷资金、高利转贷、非法向在校学生发放贷款等民间融资活动。

第十三条 【严禁信用卡犯罪行为】银行业从业人员不得利用职务便利实施伪造信用卡、非法套现信用卡、滥发信用卡等行为。不得为特定客户优于同等条件办理高端信用卡，提供价质不符的高端服务。

第十四条 【严禁信息领域违法犯罪行为】银行业从业人员不得利用职务便利实施窃取、泄露客户信息、所在机构商业秘密等的违法犯罪行为。发现泄密事件，应立即采取合理措施并及时报告。违反工作纪律、保密纪律，造成客户相关信息泄露的，应当按照有关规定承担责任。

第十五条 【严禁内幕交易行为】银行业从业人员在业务活动中应当遵守有关禁止内幕交易的规定。不得以明示或暗示的形式违规泄露内幕信息，不得利用内幕信息获取个人利益，或是基于内幕信息为他人提供理财或投资方面的建议。

第十六条 【严禁挪用资金行为】银行业从业人员不得默许、参与或支持客户用信贷资金进行股票买卖、期货投资等违反信贷政策的行为。不得挪用所在机构资金和客户资金，不得利用本人消费贷款进行违规投资。

第十七条 【严禁骗取信贷行为】银行业从业人员不得向客户明示、暗示或者默许以虚假资料骗取、套取信贷资金。

第二节 业务合规

第十八条 【遵守岗位管理规范】银行业从业人员应当遵守业务操作指引，遵循银行岗位职责划分和风险隔离的操作规程，确保客户交易的安全。不得打听与自身工作无关的信息，或是违反规定委托他人履行保管物品、信息或其他岗位职责。

第十九条 【遵守信贷业务规定】银行业从业人员应当根据监管规定和所在机构风险控制的要求，严格执行贷前调查、贷时审查和贷后检查等"三查"工作。

第二十条 【遵守销售业务规定】银行业从业人员不得在任何场所开展未经监管机构或所在机构批准的金融业务，不得销售或推介未经所在机构审批的产品，不得代销未持有金融牌照机构发行的产品。不得针对特定客户非公开销售优于其他同类客户的存款产品、贷款产品、基金产品、信托产品、理财产品等。

第二十一条 【遵守公平竞争原则】银行业从业人员应当崇尚公平竞争，遵循客户自愿原则、尊重同业公平原则。在宣传、办理业务过程中，不得使用不正当竞争手段。坚决抵制以权谋私、钱权交易、贪污贿赂、"吃拿卡要"等腐败行为。

第二十二条 【遵守财务管理规定】银行业从业人员应当严格执行所在单位的财务报销规定，组织或参加会议、调研、出差等公务活动应当严格执行公务出差住宿和交通标准。出差人员应在职务级别对应的住宿费标准限额内选择宾馆住宿，按规定登记乘坐交通工具。不得用公款支付应当由本人或亲友个人支付的费用，严禁上下级机构及工作人员之间、行内部门之间用公款相互宴请或赠送礼品，不得使用公款开展娱乐互动、游山玩水或以学习考察等名义出国（境）公款旅游等。

第二十三条 【遵守出访管理规范】出访期间须主动接受我国驻外使领馆的领导和监督，及时请示报告。除另有规定外，严禁持因私护照出访执行公务。严格执行中央对外工作方针政策和国别政策，严守外事纪律，遵守当地法律法规，尊重当地风俗习惯，杜绝不文明行为。严禁变相公款旅游，严禁安排与公务活动无关的娱乐活动，不得参加可能对公正履职有影响的出访活动。增强安全保密意识，妥善保管内部资料，未经批准，不得对外提供内部文件和资料。

第二十四条 【遵守外事接待规范】接待国（境）外来宾坚持服务外交、友好对等、务实节俭原则，安排宴请、住宿、交通等接待事宜根据相关规定执行。在公务外事活动中，严格遵守外事礼品赠予与接受的相关规定。

第二十五条 【遵守离职交接规定】银行业从业人员岗位变动或离职时，应当按照规定妥善交接工作，遵守脱密和竞业限制约定，不得擅自带走所在机构的财物、工作资料和客户资源。

第三节 履职遵纪

第二十六条 【贯彻"八项规定"、反"四风"】银行业从业人员应当严格遵守纪律要求，认真落实所在机构贯彻中央"八项规定"的有关制度，求真务实、勤俭节约，坚决反对"形式主义、官僚主义、享乐主义和奢靡之风"等四种不正之风。

第二十七条　【如实反馈信息】银行业从业人员应当确保经办和提供的工作资料、个人信息等的合法性、真实性、完整性与准确性。严禁对相关个人信息采取虚构、夸大、隐瞒、误导等行为。

第二十八条　【按照纪律要求处理利益冲突】银行业从业人员应当按照纪律要求处理自身与所在机构的利益冲突。存在潜在冲突的情况下，应当主动向所在机构管理层说明情况。

第二十九条　【严禁非法利益输送交易】银行业从业人员严禁利用职务便利侵害所在机构权益，自行或通过近亲属以明显优于或低于正常商业条件与其所在机构进行交易。

第三十条　【实施履职回避】银行业从业人员应当严格遵守有关履职回避要求。任职期间出现需要回避情形的，本人应当主动提出回避申请，服从所在机构做出的回避决定。银行业金融机构不得向特定关系人及其亲属提供高薪岗位、职务、薪酬奖励，不得针对特定关系人授予或评审职位职称。

第三十一条　【严禁违规兼职谋利】银行业从业人员应当遵守法纪规定以及所在机构有关规定从事兼职活动，主动报告兼职意向并履行相关审批程序。应当妥善处理兼职岗位与本职工作之间的关系，不得利用兼职岗位谋取不当利益，不得违规经商办企业。银行业从业人员未经批准，不得参加授课、课题研究、论文评审、答辩评审、合作出书等活动；经批准到本单位直属或下辖单位参加上述活动的，按所在单位有关规定办理。

第三十二条　【抵制贿赂及不当便利行为】银行业从业人员应当自觉抵制不正当交易行为。严禁以任何方式索取或收受客户、供应商、竞争对手、下属机构、下级员工及其他利益相关方的贿赂或不当利益，严禁向政府机关及其他利害关系方提供贿赂或不当利益，严禁收、送价值超过法律及商业习惯允许范围的礼品。

第三十三条　【厉行勤俭节约】银行业从业人员应当厉行勤俭节约，珍惜资源，爱护财产。根据工作需要合理使用所在机构财物，禁止以任何方式损害、浪费、侵占、挪用、滥用所在机构财产。

第三十四条　【塑造职业形象】银行业从业人员在公共场合应做到言谈举止文明稳重、着装仪表整洁大方，个人形象要与职业身份、工作岗位和环境要求相称。做到身心健康、情趣高雅，积极履行社会责任。严禁通过网络等发布、传播不当言论。

第三十五条　【营造风清气正的职场环境和氛围】银行业金融机构应按照"忠、专、实"的衡量标准，选拔任用政治过硬、素质过硬、踏实肯干的干部人才。破除阿谀奉承、拉帮结派等小圈子、小团伙依附关系，杜绝因"圈子文化"而滋生的畸形权力和裙带关系。关爱员工，严禁体罚、辱骂、殴打员工；采取合理的预防、受理投诉、调查处置等措施，防止和制止利用职权、从属关系等实施性骚扰。尊重员工权益，畅通诉求渠道，从政治思想教育、薪酬待遇、职业生涯规划、心理动态咨询等多方面帮助引导员工，在多岗位历练培养，增强员工的归属感和成就感。

第四章　保护客户合法权益

第三十六条　【礼貌服务客户】银行业从业人员在接洽业务过程中，应当礼貌周到。对客户提出的合理要求尽量满足，对暂时无法满足或明显不合理的要求，应当耐心说明情况，取得理解和谅解。

第三十七条　【公平对待客户】银行业从业人员应当公平对待所有客户，不得因客户的国籍、肤色、民族、性别、年龄、宗教信仰、健康或残障及业务的繁简程度和金额大小等其他方面的差异而歧视客户。对残障者或语言存在障碍的客户，银行业从业人员应当尽可能为其提供便利。

第三十八条　【保护客户信息】银行业从业人员应当妥善保存客户资料及其交易信息档案。在受雇期间及离职后，均不得违反法律法规和所在机构关于客户隐私保护的规定，违规泄露任何客户资料和交易信息。

第三十九条　【充分披露信息】银行业从业人员在向客户销售产品的过程中，应当严格落实销售专区录音录像等监管要求，按照规定以明确的、足以让客户注意的方式向其充分提示必要信息，对涉及到的法律风险、政策风险以及市场风险等进行充分地提示。严禁为达成交易而隐瞒风险或进行虚假或误导性陈述，严禁向客户做出不符合有关法律法规及所在机构有关规章制度的承诺或保证。

第四十条　【妥善处理客户投诉】银行业从业人员应当坚持客户至上、客观公正原则，耐心、礼貌、认真地处理客户投诉，及时作出有效反馈。

第五章　维护国家金融安全

第四十一条　【接受、配合监管工作】银行业从业人员应当树立依法合规意识，依法接受银行业监督管理部门的监管，积极配合非现场监管和现场检查等监管工作。严禁自行或诱导客户规避监管要求。

第四十二条　【遵守反洗钱、反恐怖融资规定】银行业从业人员应当遵守反洗钱、反恐怖融资有关规定，熟知银行承担的义务，严格按照要求落实报告大额和可疑交易等工作。

第四十三条　【协助有权机关执法】银行业从业人员应当熟知银行承担的依法协助执行义务，在严格保守客户隐私的同时，按法定程序积极协助执法机关的执法活动，不泄露执法活动信息，不协助客户隐匿、转移资产。

第四十四条　【举报违法行为】银行业从业人员对所在机构违反法律法规侵害国家金融安全的行为，有责任予以揭露。有权向上级机构或所在机构的监督管理部门直至国家司法机关举报。

第四十五条　【服从应急安排】银行业从业人员应当积极响应国家号召、落实行业倡议、服从机构安排，在抗震救灾、卫生防疫等重大公共应急事件中坚守岗位，尽职履责，努力保障特殊时期金融服务的充分供给。

第四十六条　【守护舆情环境】银行业从业人员应当遵守法律法规、监管规制及所在机构关于信息发布的规定，严禁擅自接受媒体采访或通过微信、微博、贴吧、网络直播等自媒体形式对外发布相关信息。

第六章　强化职业行为自律

第四十七条　【接受所在机构管理】银行业从业人员应当严格遵守本准则，接受所在机构的监督和管理。银行业金融机构应当依照法律法规和本准则的精神制定本单位员工具体职业行为规范，将职业操守和行为准则作为反腐倡廉建设、企业文化建设、合规管理、员工教育培训及人力资源管理的重要内容，定期评估，建立持续的员工执业行为评价和监督机制。

第四十八条　【接受自律组织监督】银行业从业人员应自觉接受银行业协会等自律组织的监督。银行业协会依据有关规定对会员单位贯彻落实本准则的实施情况进行监督检查和评估。

第四十九条　【惩戒及争议处理】为加强银行业从业人员行为管理，银行业协会、银行业金融机构应当健全关于员工违反职业操守和行为准则的惩戒机制。银行业协会建立违法违规违纪人员"黑名单"和"灰名单"制度。对银行业从业人员严重违法违规违纪的、严重影响行业形象造成恶劣社会影响的纳入"黑名单"管理，予以通报同业，实行行业禁入制度。对其他情节较严重的违法违规违纪人员实行"灰名单"管理制度，限制其不得任职于银行业金融机构重点部门或关键岗位。银行业金融机构应通过订立劳动合同等方式明确员工违反职业操守和行为准则应受到的惩戒内容。银行业从业人员对所在机构的惩戒有异议的，有权按照正常渠道反映和申诉。

第五十条　【高管规范】银行业高级管理人员应当带头遵守、模范践行职业操守和行为准则，并通过"立规矩、讲规矩、守规矩"以上率下，在战略制定和绩效管理等工作中融入职业操守和行为准则考量，管好关键人、管到关键处、管住关键事、管在关键时，全面推动所在机构营造爱国爱行、诚实守信、专业过硬、勤勉履职、服务为本的良好从业氛围和工作环境。

第七章　附　则

第五十一条　【参照适用】银行业协会的工作人员及劳务派遣人员，参照适用本准则。

参考书目及拓展阅读

[1] 杨立新 . 中华人民共和国民法典条文要义 ［M］. 北京：中国法制出版社，2022.

[2] 罗斯·克兰斯顿 . 银行法原理（第三版）［M］. 北京：法律出版社，2022.

[3] 陈志武 . 金融的逻辑 ［M］. 北京：中信出版社，2020.

[4]［美］史蒂文·N. 杜尔劳夫，［美］劳伦斯·E. 布卢姆 . 新帕尔格雷夫经济学大辞典 ［M］. 贾拥民，等，译 . 北京：经济科学出版社，2016.

[5]［孟］尤努斯 . 穷人的银行家 ［M］. 吴士宏，译 . 北京：三联书店，2006.

[6] 张桥云 . 商业银行经营管理 ［M］. 北京：机械工业出版社，2021.

[7] 戴小平 . 商业银行学 ［M］. 上海：复旦大学出版社，2018.

[8] 芭芭拉·卡苏 . 银行学 ［M］. 北京：中国人民大学出版社，2020.

[9] 乔纳森·马米兰 . 未来银行 ［M］. 北京：中信出版社，2020.

[10] 韩友诚 . 互联网时代的银行转型 ［M］. 北京：企业管理出版社，2017.

高职高专金融类系列教材

一、高职高专金融类系列教材

货币金融学概论	周建松		主编	25.00 元	2006.12 出版
货币金融学概论习题与案例集	周建松	郭福春等	编著	25.00 元	2008.05 出版
金融法概论（第二版）	朱　明		主编	25.00 元	2012.04 出版
（普通高等教育"十一五"国家级规划教材）					
商业银行客户经理	伏琳娜	满玉华	主编	36.00 元	2010.08 出版
商业银行客户经理	刘旭东		主编	21.50 元	2006.08 出版
商业银行综合柜台业务(第四版)	董瑞丽		主编	47.00 元	2021.07 出版
（国家精品课程教材·2006）					
商业银行综合业务技能	董瑞丽		主编	30.50 元	2008.01 出版
商业银行中间业务	张传良	倪信琦	主编	22.00 元	2006.08 出版
商业银行授信业务	王艳君	郭瑞云　于千程	编著	45.00 元	2012.10 出版
商业银行授信业务（第三版）	邱俊如	金广荣	主编	40.00 元	2020.09 出版
商业银行业务与经营	王红梅	吴军梅	主编	34.00 元	2007.05 出版
金融服务营销	徐海洁		编著	34.00 元	2013.06 出版
商业银行基层网点经营管理	赵振华		主编	32.00 元	2009.08 出版
银行柜台实用英语（第二版）	汪卫芳		主编	29.00 元	2017.08 出版
银行卡业务	孙　颖	郭福春	编著	36.50 元	2008.08 出版
银行产品	赵振华		主编	39.00 元	2023.06 出版
银行产品	彭陆军		主编	25.00 元	2010.01 出版
银行产品	杨荣华	李晓红	主编	29.00 元	2012.12 出版
反假货币技术	方秀丽	陈光荣　包可栋	主编	58.00 元	2008.12 出版
小额信贷实务（第二版）	凌海波	邱俊如	主编	39.00 元	2020.11 出版
商业银行审计	刘　琳	张金城	主编	31.50 元	2007.03 出版
金融企业会计	唐宴春		主编	25.50 元	2006.08 出版
（普通高等教育"十一五"国家级规划教材）					
金融企业会计实训与实验	唐宴春		主编	24.00 元	2006.08 出版
（普通高等教育"十一五"国家级规划教材辅助教材）					
新编国际金融	徐杰芳		主编	39.00 元	2011.08 出版
国际金融概论	方　洁	刘　燕	主编	21.50 元	2006.08 出版
（普通高等教育"十一五"国家级规划教材）					
国际金融实务	赵海荣	梁　涛	主编	30.00 元	2012.07 出版
国际金融实务（第三版）	李　敏		主编	39.80 元	2019.09 出版
风险管理	刘金波		主编	30.00 元	2010.08 出版
外汇交易实务	郭也群		主编	25.00 元	2008.07 出版
外汇交易实务	樊祎斌		主编	23.00 元	2009.01 出版

证券投资实务	徐　辉			主编	29.50 元	2012.08 出版
国际融资实务	崔　荫			主编	28.00 元	2006.08 出版
理财学（第三版）	徐慧玲	边智群		主编	56.00 元	2022.01 出版

（"十二五"职业教育国家规划教材/普通高等教育"十一五"国家级规划教材）

投资银行概论	董雪梅			主编	34.00 元	2010.06 出版
金融信托与租赁（第二版）	蔡鸣龙			主编	35.00 元	2013.03 出版
公司理财实务	钭志斌			主编	34.00 元	2012.01 出版
个人理财规划（第二版）	胡君晖			主编	33.00 元	2017.05 出版
证券投资实务	王　静			主编	45.00 元	2014.08 出版

（"十二五"职业教育国家规划教材/国家精品课程教材·2007）

金融应用文写作	李先智	贾晋文		主编	32.00 元	2007.02 出版
金融职业道德概论	王　琦			主编	25.00 元	2008.09 出版
金融职业礼仪	王　华			主编	21.50 元	2006.12 出版
金融职业服务礼仪	王　华			主编	24.00 元	2009.03 出版
金融职业形体礼仪	钱利安	王　华		主编	22.00 元	2009.03 出版
金融服务礼仪（第二版）	伏琳娜	安　畅	孟庆海	编著	43.00 元	2021.01 出版
合作金融概论	曾赛红	郭福春		主编	24.00 元	2007.05 出版
网络金融	杨国明	蔡　军		主编	26.00 元	2006.08 出版

（普通高等教育"十一五"国家级规划教材）

现代农村金融	郭延安	陶永诚		主编	23.00 元	2009.03 出版
农村金融基础	郑晓燕			主编	30.00 元	2021.09 出版
"三农"经济概论（第二版）	凌海波			编著	35.00 元	2018.09 出版
商业银行网点经营管理(第二版)	王德英			主编	39.00 元	2022.09 出版

二、高职高专会计类系列教材

管理会计	黄庆平		主编	28.00 元	2012.04 出版
商业银行会计实务	赵丽梅		编著	43.00 元	2012.02 出版
基础会计	田玉兰	郭晓红	主编	26.50 元	2007.04 出版
基础会计实训与练习	田玉兰	郭晓红	主编	17.50 元	2007.04 出版
新编基础会计及实训	周　峰	尹　莉	主编	33.00 元	2009.01 出版
财务会计（第二版）	尹　莉		主编	40.00 元	2009.09 出版
财务会计学习指导与实训	尹　莉		主编	24.00 元	2007.09 出版
高级财务会计	何海东		主编	30.00 元	2012.04 出版
成本会计	孔德兰		主编	25.00 元	2007.03 出版

（普通高等教育"十一五"国家级规划教材）

成本会计实训与练习	孔德兰	主编	19.50 元	2007.03 出版

（普通高等教育"十一五"国家级规划教材辅助教材）

管理会计	周　峰	主编	25.50 元	2007.03 出版
管理会计学习指导与训练	周　峰	主编	16.00 元	2007.03 出版
会计电算化	潘上永	主编	40.00 元	2007.09 出版

（普通高等教育"十一五"国家级规划教材）

会计电算化实训与实验	潘上永	主编	10.00 元	2007.09 出版

（普通高等教育"十一五"国家级规划教材辅助教材）

财政与税收（第三版）	单惟婷	主编	35.00 元	2009.11 出版
税收与纳税筹划	段迎春　于　洋	主编	36.00 元	2013.01 出版
金融企业会计	唐宴春	主编	25.50 元	2006.08 出版
（普通高等教育"十一五"国家级规划教材）				
金融企业会计实训与实验	唐宴春	主编	24.00 元	2006.08 出版
（普通高等教育"十一五"国家级规划教材辅助教材）				
会计综合模拟实训	施海丽	主编	46.00 元	2012.07 出版
会计分岗位实训	舒　岳	主编	40.00 元	2012.07 出版

三、高职高专经济管理类系列教材

经济学基础（第四版）	高同彪	主编	40.00 元	2020.08 出版
管理学基础	曹秀娟	主编	39.00 元	2012.07 出版
大学生就业能力实训教程	张国威　褚义兵等	编著	25.00 元	2012.08 出版

四、高职高专保险类系列教材

保险实务	梁　涛　南沈卫	主编	35.00 元	2012.07 出版
保险营销实务	章金萍　李　兵	主编	21.00 元	2012.02 出版
新编保险医学基础	任森林	主编	30.00 元	2012.02 出版
人身保险实务（第二版）	黄　素	主编	45.00 元	2019.01 出版
国际货物运输保险实务	王锦霞	主编	29.00 元	2012.11 出版
保险学基础	何惠珍	主编	23.00 元	2006.12 出版
财产保险	曹晓兰	主编	33.50 元	2007.03 出版
（普通高等教育"十一五"国家级规划教材）				
人身保险	池小萍　郑祎华	主编	31.50 元	2006.12 出版
人身保险实务	朱　佳	主编	22.00 元	2008.11 出版
保险营销	章金萍	主编	25.50 元	2006.12 出版
保险营销	李　兵	主编	31.00 元	2010.01 出版
保险医学基础	吴艾竞	主编	28.00 元	2009.08 出版
保险中介	何惠珍	主编	40.00 元	2009.10 出版
非水险实务	沈洁颖	主编	43.00 元	2008.12 出版
海上保险实务	冯芳怡	主编	22.00 元	2009.04 出版
汽车保险	费　洁	主编	32.00 元	2009.04 出版
保险法案例教程	冯芳怡	主编	31.00 元	2009.09 出版
保险客户服务与管理	韩　雪	主编	29.00 元	2009.08 出版
风险管理	毛　通	主编	31.00 元	2010.07 出版
保险职业道德修养	邢运凯	主编	21.00 元	2008.12 出版
医疗保险理论与实务	曹晓兰	主编	43.00 元	2009.01 出版

五、高职高专国际商务类系列教材

国际贸易概论	易海峰	主编	36.00 元	2012.04 出版
国际商务文化与礼仪	蒋景东　刘晓枫	主编	23.00 元	2012.01 出版
国际结算	靳　生	主编	31.00 元	2007.09 出版
国际结算实验教程	靳　生	主编	23.50 元	2007.09 出版

国际结算（第二版）	贺 瑛 漆腊应	主编	19.00 元	2006.01 出版
国际结算（第三版）	苏宗祥 徐 捷	编著	23.00 元	2010.01 出版
国际结算操作	刘晶红	主编	25.00 元	2012.07 出版
国际贸易与金融函电	张海燕	主编	20.00 元	2008.11 出版
国际市场营销实务	王 婧	主编	28.00 元	2012.06 出版
报检实务	韩 斌	主编	28.00 元	2012.12 出版
国际航空货运代理实务(第二版)	戴小红	主编	43.00 元	2020.01 出版

如有任何意见或建议，欢迎致函编辑部：jiaocaiyibu@ 126. com。